Rudolf Cronau

Das Buch der Reklame

Geschichte, Wesen und Praxis der Reklame

Rudolf Cronau

Das Buch der Reklame
Geschichte, Wesen und Praxis der Reklame

ISBN/EAN: 9783743655850

Hergestellt in Europa, USA, Kanada, Australien, Japan

Cover: Foto ©ninafisch / pixelio.de

Weitere Bücher finden Sie auf **www.hansebooks.com**

Das Buch der Reklame

Geschichte, Wesen und Praxis
der
Reklame

geschildert von

Rudolf Cronau.

Mit vielen Abbildungen.

In fünf Abtheilungen.

Zweite Auflage.

Leipzig
Peter Hobbing.
1889.

Flachköpfe, Perrückenhelden,
Kleider- und Dienernarren, Bildungsschwindler, Hochzeits- und Leichenfeierlichkeiten.

So lange die Erde menschliche Wesen trägt, so lange sind diese Menschen im Wesentlichen dieselben geblieben in ihrem Denken, Fühlen und Handeln, in ihren Vorzügen und Schwächen, ihren Tugenden und Lastern. Müssen wir nicht zum Beispiel in den Charakterbildern, die vor nunmehr 22 Jahrhunderten der Athener Theophrast von seinen Zeitgenossen malte, unser eigenes Portrait erkennen? Sind nicht alle Züge dieser Schilderungen so durchaus menschlich, daß wir nicht in den einzelnen Figuren unsere Freunde, unsere Feinde zu sehen vermeinen? Da ist z. B. der Prahler, „ein Mensch, der sich vor dem Hafenthore aufpflanzt und dem Fremden des Langen und Breiten erzählt von den Gütern, die er jetzt auf dem Meere schwimmen habe; dabei spricht er zugleich ausführlich von dem Darlehnsgeschäfte, wie bedeutend es sei und wieviel er selbst dabei gewonnen und eingebüßt habe, und während er so renommiert, schickt er seinen Diener zu dem Bankier, wo er vielleicht gerade acht Groschen liegen hat. Kann er dann unterwegs einen Reisegefährten erwischen, so weiß er diesem zu erzählen, daß er mit König Alexander zu Felde gezogen sei und wie gut er mit ihm gestanden, und von den vielen mit Edelsteinen besetzten Pokalen, die er heim gebracht habe; dabei behauptet er dann kühnlich, die asiatischen Kunstarbeiter seien den europäischen doch um vieles überlegen; und das alles sagt er, ohne je aus seiner Vaterstadt hinausgekommen zu sein. Dann will er auch Briefe erhalten haben von König Antipater, worin er nun schon zum dritten Male eingeladen wird nach Macedonien zu kommen. Bei der letzten Getreideteuerung, sagt er, habe er an siebentausend Thaler verbraucht, nur um bedürftige Mitbürger zu unterstützen, denn er könne nun einmal nichts abschlagen; und wenn gerade Unbekannte bei ihm sitzen, so läßt er sie ausrechnen, wie viel es betrage: sechshundert Personen, auf jeden fünfundzwanzig Thaler, wobei er zu jedem Posten ganz glaubwürdig einen Namen nennt, und bringt so an fünfzehntausend Thaler heraus. Soviel, versichert er, habe er allein für Unterstützungen verwendet, dabei seien noch gar nicht berechnet die Schiffsausrüstungen und seine sonstigen Leistungen an den Staat. — Auf dem Pferdemarkt tritt er zu den Verkäufern edler Rennpferde und thut als ob er kaufen wollte. Er geht in die Kleidermagazine und sucht sich Anzüge bis zu dreitausend Thaler aus und zankt dann auf seinen Diener, daß er vergessen Geld mitzunehmen. Er wohnt zwar selbst zur Miete, sagt aber einem jeden, der es nicht weiß, es sei das sein vom Vater ererbtes Haus, er denke es aber demnächst zu verkaufen, weil es zur Aufnahme seiner Fremdenbesuche zu klein sei".

Ebenso zutreffend ist Theophrast's Charakterschilderung des Eitlen, der, „wird er zu einem Gastmahle geladen, ängstlich darauf bedacht ist, seinen Platz neben dem Hausherrn zu bekommen. Sein Bedienter, der ihn stets begleitet, muß, wenn irgend möglich, ein Mohr sein. Läßt er seinem Sohn die Knabenhaare abschneiden, so reist er mit ihm deshalb nach Delphi. Hat er Geld zu bezahlen, sorgt er dafür, daß dies nur in neuer Münze geschehe. Sicherlich hält er auch gar Affen und sizilische Tauben, besitzt Würfel von Gemsenhorn, runde thurische Salbenfläschchen, gebogene Stöcke aus Lacedämon, und persische Teppiche mit Figuren durchwirkt. Auch hat er einen Hof, der mit Sandboden zum Turn- und Ballspielplatz eingerichtet ist. Diesen bietet er unablässig den Philosophen, Sophisten, Fechtmeistern und Musikern zu ihren Aufführungen an. Er selbst aber erscheint bei den Vorstellungen immer erst zuletzt, damit bei seinem Eintreten ein Zuschauer zum anderen sage: „Siehe, der da ist's, der ist der Besitzer der Palästra!"

Daß derartige Prahler und Renommisten nicht allein in jedem Zeitalter, nein auch bei jedem Volke vorkommen, lehrt uns Longfellow in seiner reizenden indianischen Dichtung von „Hiawatha", indem er hier den Prahlhans Jagoo auftreten läßt.

> Furchtbar prahlte stets Jagoo.
> Ward erzählt ein Abenteuer, —
> Er bestand gewiß ein größ'res;
> Hört' er Heldenthaten preisen, —
> Er vollbrachte eine kühn're;
> Hörte Wunder er erzählen, —
> Er ein größ'res Wunder mußte.
>
> Willst Du auf sein Prahlen hören,
> Ihm allein nur Glauben schenken:
> Halb so weit wie er hat niemand
> Jemals einen Pfeil geschossen,
> Niemals halb so hoch, so weit hin.
> Niemand fing so viele Fische,
> Niemand so viel Wild erlegte,
>
> So schnell konnte niemand laufen,
> So tief niemand untertauchen,

So lang' konnte niemand schwimmen,
So weit niemand war gewandert,
So viel Wunder niemand schaute,
Als der Fabelheld Jagoo,
Dieser „Wunderding-Erzähler".

Dr. Buchner berichtet sogar von einem Manne der Viti-Insulaner, der seine eigene Frau lebendig kochte und fraß, blos um in den Ruf eines fürchterlichen Menschen zu gelangen.

Die Sucht, durch irgend welche Thaten oder Verrichtungen sich über die anderen hervorzuheben, hervorzuthun, ist so uralt, wie die Menschheit selber. Auch die Mittel, durch welche dies erreicht werden soll, sind zu allen Zeiten so ziemlich dieselben gewesen. Derartige Figuren z. B., wie das vorige Jahrhundert eine solche in der Person des berüchtigten Kieselak hatte, der nicht müde wurde, seinen Namen auf die edelweißbewachsenen Felsen Tirols, an die Kreideklippen Rügens und in die Borkenhäuser Thüringens zu malen, fanden sich, den stellenweise über und über beschriebenen Wänden Pompeji's nach zu urteilen, sowohl im Altertume, wie sie sich noch heute in allen Landen, selbst unter rohen Naturvölkern finden.

Das Bemühen, sich hervorzuthun, mehr scheinen zu wollen, äußert sich bei dem Naturmenschen wohl zunächst darin, daß er seinen Körper zu schmücken sucht. Er blickt mit Neid auf die schillernden Schuppen der Insekten und Reptilien, auf das bunte Gefieder der Vögel, auf die zierlichen Zeichnungen, mit denen die Felle der Säugetiere versehen sind, und um nun das ihm Versagte zu ersetzen, greift der Naturmensch zu Färbemitteln der verschiedensten Art und bemalt seine ihm eintönig erscheinende Haut mit den buntesten Farben und den absonderlichsten Ornamenten.

Wenn die Indianer Nordamerikas zum Tanze gehen, erfordert die Herstellung derartiger Malereien mitunter einen Zeitaufwand von drei bis sechs Stunden, und derjenige, welcher es verstanden hat, in seiner Malerei die originellsten oder kunstvollsten Ideen zu Tage zu fördern, wird am meisten bewundert, fühlt sich am erhabensten.

Bei einem großen Tanzfeste, welches im Oktober des Jahres 1881 von dem Stamme der Sioux zu Ehren des Verfassers dieses Buches veranstaltet wurde, und an welchem gegen 5000 Rothäute teilnahmen*), erschienen sämtliche Krieger von Kopf bis zu Fuß nackt und bemalt, der eine war zinnoberrot, der andere okergelb, der dritte grün gefärbt, und in diesen Untergrund waren die kunstvollsten Schnörkel und Punkt- oder Strichornamente hineingemalt. Einige waren tiefschwarz und trugen überall weiße oder gelbe Streifen, so daß sie mehr wan-

*) Cronau, Fahrten im Lande der Sioux, S. 21—23.

belnben Skeletten als lebenben Wesen glichen. Die Gesichter waren zu ben schauer=
lichsten Satansfratzen umgewandelt: ber hatte ein Auge ringsum grellblau, bas
anbere hochrot, bie Backen mit weißen, schwarzen unb grünen Streifen angemalt,
ein anberer war über unb über mit großen Vierecken in schwarzer Farbe bebeckt,
ein britter hatte einen blauen Bauch unb gelbe, schwarzpunktierte Beine unb ein
Gitter von feinen, hellblauen Streifchen über bem Gesicht. Jeber sucht etwas
in seiner eigenen schönen Erfinbung. Finbet er anbere, bie zufällig auf gleiche
Art bemalt sinb, so entfernt er sich sogleich unb änbert augenblicklich sein Muster.*)

Die Felatah=Damen in Mittelafrika färben ihre Zähne abwechselnb blau,
gelb unb rot, hier unb ba behält einer, bes Kontrastes halber, seine natürliche

Botokuben vom Rio Doce.
(Aus Hellwalb: „Naturgeschichte des Menschen". Verlag von Spemann, Stuttgart.)

Farbe. Die Augenliber werben mit Schwefelantimon, bie Haare mit Inbigo
gefärbt. Finger unb Fußzehen werben bereits bei Einbruch ber Nacht mit Henna=
blättern umwickelt, so baß bieselben am folgenben Morgen eine köstliche Pur=
purfarbe besitzen.

Vielfach werben biese Verzierungen, um sie bauerhafter zumachen, in bie Haut
eingerißt, eingeschnitten. Diese „Tätowierung" hat bie größte Ausbilbung auf
ben Inseln bes Stillen Ozeans gefunben unb sinb viele ber hier lebenben Wilben,
Männer unb Frauen, über unb über in bieser Weise verziert, so baß bie Tätowie=
rung mitunter ben Einbruck einer Spißenarbeit hervorruft. Namentlich bie

---

*) Vergl. auch Prinz zu Wieb, Reise in bas innere Norbamerika II., S. 112.

Marquesas-Insulaner und Neuseeländer haben auf diesem Gebiete der Kunst wohl das Vollkommenste geliefert.

Da das von Kleidern unbedeckte Gesicht stets gesehen wird, so mußte es vor allem anderen dazu dienen, allerlei Malereien sowie auch schmückende und auszeichnende Gegenstände aufzunehmen. Diese letzteren sind nun von der mannigfachsten Art, man legt große Ringe in Nase und Ohren, oder schiebt bunte Federn durch die durchbohrte Nasenscheidewand. Brenchley sah die Eingeborenen der Salomons-Inseln mit durch den Nasenknorpel gesteckten Krebsscheeren geschmückt.

Die westlich vom Makenzie-Flusse wohnenden Eskimos machen sich in ihre Backen zwei Oeffnungen, an jede Seite eine. Diese werden allmählich vergrößert

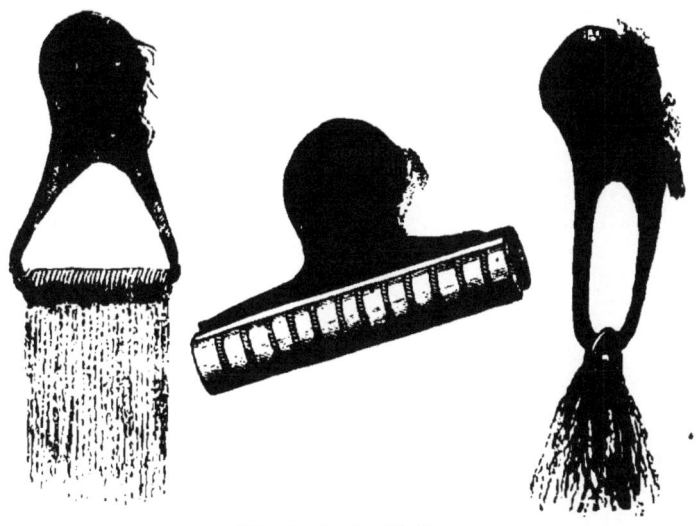

Ohrenstrecker der Massai.

und eine steinere Schmucksache in Form eines Manschettenknopfes darin getragen. Dieser Manschettenknopf wird bei anderen Völkern, z. B. den Botokuden Brasiliens, einigen Stämmen Nordamerikas und bei den afrikanischen Nyassa-Völkern in Ober- und Unterlippe getragen.

Araberinnen bringen derartige große goldene Manschettenknöpfe in den Nasenflügeln an, die Schönen der sogenannten zivilisierten Völker hingegen ausschließlich in den Ohrläppchen.

Einige Völker verlängern sich die Ohrläppchen, bis sie auf die Schultern herunterhängen*), andere wieder schlagen sich einzelne Zähne aus, feilen dieselben auf mancherlei Weise, oder schleifen dieselben mittelst kleiner Schleifsteine voll-

---

*) Cronau, Fahrten im Lande der Sioux, S. 20.

ständig ab, während welcher Prozedur das betreffende Individuum auf dem Rücken zu liegen hat.

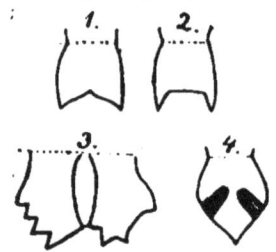

Künstlich geschnitzte Zähne
(1 u. 2 der Neger, 3 der Kader in Indien, 4 der Malayen).

Einzelne ostafrikanische Völker färben ihre Zähne kohlschwarz. Die Vorderzähne eines Dayakenschädels, im Besitze des Forschers Davis, sind ein jeder mit einem kleinen, sorgfältig gebohrten Loche versehen, in die sämtlich eine mit einem kreisförmigen Messingknopfe geschmückte Nadel getrieben ist. Bei jeder Erhebung der Oberlippe mußten natürlich zu Lebzeiten des Mannes die glänzenden Knöpfe auf den Zähnen sichtbar werden.*)

Einzelne Völker Afrikas lassen die Nägel der Finger gleich den Krallen eines Vogels anwachsen, auf gleiche Weise suchen die Vornehmen der Anamiten ihren hohen, keine Arbeit kennenden Stand zu dokumentieren, eine Sitte, die in geringerer Ausdehnung auch bei manchen Vornehmen des zivilisierten Europa anzutreffen ist.

Mit den Haren werden ebenfalls die abenteuerlichsten Manipulationen vorgenommen. Scheren einige Völker dasselbe vollständig ab, so tragen andere, wie z. B. einige Südseevölker, Hartouren, die mitunter mehrere Fuß im Umfange haben. Der Forscher Williams maß eine solche Frisur, die einen Umkreis von fünf Fuß hatte. Ganz dieselben riesenhaften Gebäude wurden im 17. und 18. Jahrhundert von den Damen Europas aufgeführt. Diese Frisuren mußten mit Hilfe künstlicher Drahtgestelle gestützt werden und erhielten zudem noch durch Bandschleifen, Blumen 2c. den abenteuerlichsten Aufputz. Da trugen sie die Erbkugel oder den Himmelsglobus,

Hand eines vornehmen Anamiten.
(Aus Hellwald: „Naturgeschichte des Menschen". Verlag von Spemann, Stuttgart.)

im Durchmesser von einem bis zwei Fuß, auf dem Kopfe; auf jener bildeten

---

*) Lubbock, Entstehung der Zivilisation, S. 49.

bunte Bänder die Grenzen der Erdteile und Länder, auf diesem Goldflitter die Sterne. Auch schon wurde das Har zu einer Fruchtschale hergerichtet, welche etwa eine Elle hoch war und wirklich Weintrauben und Zitronen enthielt. Im Jahre 1778 hatten diese Hartürme eine Höhe erreicht, daß sich die Pariser Oper genötigt sah, hierin ein Maß vorzuschreiben, welches die das Theater besuchenden Damen nicht überschreiten durften, wenn sie eingelassen sein wollten.

Augsburger Spottbild auf die Modethorheiten des 18. Jahrhunderts.
(Aus Henne am Rhyn: „Kulturgeschichte". Verlag von Grote, Berlin.)

Gleiche Harwülste waren auch in der Herrenwelt Mode. Man trug, wie auf unserer umstehenden Illustration ersichtlich, Perrücken von kolossalem Umfang. Mit derartigen Mitteln, Stand und Würden herauszukehren, sich aufzublasen und hervorzuthun, war die Menschheit noch nicht zufrieden. Um sich ja von dem gewöhnlichen Volke in nicht zu verkennender Weise zu unterscheiden, gingen die Edlen und Vornehmen einzelner Völker dazu über, durch eigene Vorrichtungen den Kopf oder andere Körperteile vollständig umzuformen. Schon Hippokrates und Plinius haben derartiger Völkerschaften gedacht. Ersterer sagt:

— 7 —

„Anfänglich habe man diese Großköpfe (Macrocephali), welche als Adelige, als besonders Bevorzugte angesehen wurden, künstlich erzeugt, aber mit der Zeit sei eine mechanische Umformung nicht mehr erforderlich gewesen, indem infolge der

Kaiser Josef I., von Oesterreich. Beispiel der damaligen spanischen Hoftracht.
(Aus Stade: „Deutsche Geschichte". Verlag von Velhagen & Klasing, Leipzig.)

Vererbung die Natur allein diese adeligen Köpfe besorgt habe." Diese Umformung ist heute noch bei den sog. Flachkopfindianern Nordamerikas, bei einigen Stämmen am Amazonenstrom und sogar noch in Süd-Frankreich Sitte. Man erzielt diese Spitz-, Turm-, Lang- oder Flachköpfe, indem man Brettchen, Kompressen und Binden in eigentümlicher Weise um den Schädel des im zartesten Alter befindlichen Kindes legt.*)

Weltbekannt ist, daß die vornehmen Damen Chinas eine gleiche Umgestaltung an ihren Füßen ausüben, um sich von ihren Mitschwestern in geringerer sozialer Stellung zu unterscheiden.

Aus gleichem Grunde schnüren sich noch heute die vornehmen Schönen des gebildeten Europa vermittelst einer raffiniert erdachten Druckmaschine, Korsett genannt, die Taille zusammen, ohne zu berücksichtigen, daß dadurch für die Gesundheit überaus nachteilige Folgen verschiedener Art entstehen.

Bei allen Völkern und zu allen Zeiten herrschte unter den verschiedenen Ständen das Bestreben, den entsprechenden Rang auch durch die Kleidertracht zu charakterisieren. Die Freien und Edlen wollen nicht mit dem Volke, dieses nicht mit den Unfreien, den dienenden Ständen oder gar den Sklaven verwechselt werden. Daß ein derartiges Bestreben notwendigerweise sehr bald zu Ausschreitungen, zum Luxus führen mußte, liegt in der Natur des Menschen, der bekanntlich weit eher geneigt ist, des Guten zu viel zu thun, als vernünftiges Maß zu halten. So sehen wir schon unter den altgriechischen Völkern den Kleiderluxus auf eine Höhe gestiegen, daß die Gesetzgeber es als angezeigt hielten, diesem Luxus durch scharfe Gesetze einigermaßen Schranken zu ziehen.

Flachkopf-Indianerin.
(Aus Hellwald: „Die Erde und ihre Völker". Verlag von Spemann, Stuttgart.)

Die Verschwendung und die Sucht, einander in Toilettenpracht zu überbieten, stieg bei den römischen Damen ins Unglaubliche und nicht mit Unrecht sagt der Satyriker Lucian von den Römerinnen: „Sie verschwenden in diesen Salben das ganze Vermögen ihrer Männer, und lassen einem das ganze glückliche Arabien aus ihren Haaren entgegenduften." „Die Frauen", so spricht Cato Censorius, „sind mit Purpur und Gold überdeckt; Diademe, goldene Kronen, ein rotgemaltes Gesicht, roter und goldener Staub, der ihre Haare bedeckt, alles dies ist ihnen nichts Fremdes mehr."

Und das war in einer Periode, wo man noch von der Sitteneinfachheit der Republik sprach, wenige Jahre vor dem Gesetzesvorschlag des Volkstribun C. Oppius, welcher den Frauen das Tragen von goldenem Schmuck über eine halbe Unze an Wert, bunte Kleider, sowie das Fahren in Wagen verbot. Das

---

*) Vergl. eingehender Heft 215 der Sammlung gemeinverständlich-wissenschaftlicher Vorträge: „Ueber die willkürlichen Verunstaltungen des menschlichen Körpers.

spätere Schicksal dieses an die Kleiderverordnungen der deutschen Reichsstädte erinnernden Luxusgesetzes, welches Livius in den ersten Kapiteln des vierunddreißigsten Buchs seiner römischen Geschichte erzählt, ist übrigens so interessant, daß es hier wohl erzählt zu werden verdient.

Fünfundzwanzig Jahre lang hatte das Verbot gegen die Kleiderpracht gedauert, als die Matronen, unter welcher Bezeichnung man bei den Römern nicht wie bei uns alte Frauen, sondern vorzugsweise legal verheiratete, vornehme Damen verstand, müde dieser strengen Einfachheit ihre Männer aufreizten, das Gesetz umzustoßen. Die Volkstribunen Fundanius und Valerius stellten hierauf einen Antrag auf Abschaffung des Gesetzes und es wurde ein Tag zur Verhandlung darüber anberaumt. Der entschiedenste Verteidiger des angegriffenen Gesetzes war jener obenerwähnte Marcus Portius Cato, der gerade Konsul war. Die Frauen wußten dies und an dem Tage, wo in der Volksversammlung darüber abgestimmt werden sollte, konnten, wie Livius sagt, die Männer ihre Frauen weder durch ihr Ansehen, noch Beschämung, noch Befehl in den Häusern zurückhalten („Matronae, nulla nec auctoritate, nec verecundia, nec imperio virorum contineri limine poterant" Liv. Hist. XXXIV. Lib. 1 cap. 5); scharenweise eilten sie auf die Straßen, begleiteten ihre Männer unter flehentlichen Zureden nach dem Versammlungsort und belagerten förmlich die Zugänge zum Markt und Kapitolium. Die Debatten zogen sich in die Länge und mit jedem Tage kamen wahre Freischarenzüge vornehmer Damen aus einer Menge von Städten und Flecken Italiens, um ihre Schwestern in Rom zu unterstützen. Was half des strengen Cato bonnernde Rede gegen den Vorschlag und den Luxus überhaupt? Die Frauen schmähten ihn und klatschten dem Tribun Valerius, der für die Abschaffung des strengen Gesetzes sprach, rauschenden Beifall zu. Und als am anderen Tage nach dieser Rede noch immer einige Volkstribunen zögerten, dem neuen Gesetzesvorschlage ihre Stimme zu geben, so belagerten die Frauen die Häuser jener Tribunen, bestürmten sie mit Bitten, Drohungen, Schmeicheleien und ruhten nicht, als bis sie, wie immer in der Welt, auch dieses Mal ihren Willen durchgesetzt hatten und das Gesetz aufgehoben wurde. Seit dieser Zeit war jede Schranke niedergerissen und die üppigste Kleiderpracht trat an die Stelle der früheren Einfachheit. Besonders in Schmucksachen war der Aufwand außerordentlich. So trug z. B. die Mutter des Brutus, eine sehr schöne Frau, eine Perle, welche sie von Julius Cäsar zum Geschenk erhalten und für welche dieser, nach unserem Gelde berechnet, 800,000 Mark bezahlt hatte.

Der Kleiderprunk und die Sucht, sich zudem durch Farben, Wappen ꝛc. hervorzuthun, erreichten auch im 13. Jahrhundert ein solches Uebermaß, daß der große Prediger Berchtold der modischen Welt von damals zürnend zurief: „Ihr habt nicht genug daran, daß euch der allmächtige Gott die Wahl gelassen hat unter den Kleidern, sagend: wollt ihr sie braun, rot, blau, weiß, grün, gelb, schwarz? Nein, in eurer großen Hoffart muß man euch das Gewand zu Flecken zerschneiden, hier das rote in das weiße, dort das gelbe in das grüne, das eine gewunden, das andere gestrichen, dies bunt, jenes braun, hier einen Löwen, dort einen Adler." Und in der That ließ das Farbenspiel der Trachten jener Zeit nichts zu wünschen übrig, es war die Zeit, wo man den einen Aermel des Leibrockes grün, den andern rot, oder die eine Hälfte der Beinkleider gelb, die andere blau trug, oder der ganze Mensch in eine rote, in eine weiße Hälfte geteilt war. Andere stolzierten mit Kleidern umher, deren Säume und Aermel „gezabbelt", d. h. in unzählige zungenförmige Lappen zerschnitten waren. Später wurde der geschlitzte Anzug Mode, wobei Hosen und Röcke so zerschlitzt wurden, daß überall das anders gefärbte Unterfutter hervorsah. — Zu den

Mittelalterliche Zabbeltracht.
(Aus den Seemann'schen „Kulturhistorischen Bilderbogen".)

modischen Tollheiten des Mittelalters gehörten auch die Schellentracht und die Schnabelschuhe, welch letztere so unmäßig lange Schnäbel hatten, daß dieselben manchmal mit Bindfaden in die Höhe gehoben oder an das Knie befestigt werden mußten, wenn ihre Träger in diesen Schuhen gehen wollten.

Eine der unsinnigsten Erfindungen, welche die Mode je gemacht hat, waren die Pluderhosen, wahre Ungeheuer von Beinkleidern, die um die Mitte des 16. Jahrhunderts aufkamen und namentlich von den Landsknechten ins fabelhafte erweitert wurden. Fabelhaft ist gewiß nicht zu viel gesagt, wenn man erfährt, daß zu solchen Pluderhosen 60, 80, ja 130 Ellen Zeug verwendet wurden. Unzählige Verwarnungen wurden gegen diese, die Leute arm machende Großmannssucht erlassen, bekannt ist des Brandenburger Hofpredigers Musculus „Vermahnung und Warnung vom zerluberten, zucht- und ehrverwegenen plubrichten Hosenteufel."

Geiler von Kaisersberg klagt: „Es gon jetz frawen wie die man, lassent das Har an den rücken hangen und hont Baretlin mit Hahnenfederlin uff, pfui schand und laster! Die Mann tragen jetzund hauben wie die frawen mit seidin und gold gestickt und die weiber machen hinten an den Häuptern

Ein Edler des Mittelalters mit Schnabelschuhen.

— 11 —

Diademe wie die heiligen in den kirchen. Der ganz leib ist voll Narrheit. Tausenderlei erdenkt man mit der kleidung, jetz ganz weite ermel, jetz also eng. Die frawen ziehen die langen schwentz uff dem ertrich hernach. Es seind etlich, die haben so vil kleider, daß sie die ganz wochen alle tag zwei kleib hont; wan man zu tanz geht ober zu einem andern spil, so haben sie andere kleider. Sie schminken sich oft mehrmals des tages und haben eingesetzte zähn, tragen frembdes haar. Es kommen vil seltsamer sitten, so wilde kleider in unser land, die von den kaufleuten und landfahrern herkommen, die sie auß fremden landen herbringen.

Landsknechttracht.
(Aus Henne am Rhyn: „Kulturgeschichte". Grote's Verlag in Berlin.)

Sie fahren (als) narren hinweg und kommen noch vil größere narren herwieder in ihren seltsamen und närrischen kleidern."

Das Bestreben, den übermäßigen Luxus einzudämmen, finden wir während des ganzen Mittelalters und besonders im 16. und 17. Jahrhundert in allen europäischen Landen, namentlich häufig wurden die sogenannten „Kleiderordnungen" in den deutschen Reichsstädten erlassen. So folgten in Leipzig von 1626—1698 nicht weniger als zehn Kleiderordnungen nacheinander. Im Jahr 1612 wurde eine allgemeine Kleider- und Hochzeitsordnung für das Kurfürstentum Sachsen erlassen, in Braunschweig erfolgte eine ganze Reihe solcher Verordnungen seit

1594; ja 1616 wurde auf kaiserlichen Spezialbefehl ein Luxusverbot für das ganze deutsche Reich verkündet. Die Nürnberger Kleiderordnung von 1593 teilte die Bürger in fünf Klassen; die erste Klasse, die Patrizier, durften Hutschnüre von Gold bis zum Werte von 25 fl. tragen, ferner Samtschauben mit Marderpelz, pelzgefütterte Seidenschauben, Hosen, Röcke und Wams von Atlas und Samt, aber nicht über 20 fl. an Wert, endlich silberne und vergoldete Knöpfe an Rock und Wams. Den Frauen und Töchtern dieser Klasse waren gestattet: Samtschauben mit Zobel- und Marderpelz, mit Goldrosen und Perlen, nicht aber mit Diamanten, goldene Haarhauben bis zum Wert von 40 fl., Röcke und „Schurzflecke" von Samt, Atlas und Damast, Mäntel von Atlas und Damast. Der zweiten Klasse, den Großkaufleuten, waren fast dieselben Kleider gestattet mit Ausnahme unerheblicher Verzierungen. Dagegen war der dritten Klasse, den kleineren Kaufleuten und größeren Handwerkern, genau vorgeschrieben, wie breit die Halskettlein der Weiber und Töchter sein durften; Samt, Atlas und Damast war diesen nur spärlich in handbreiter Verbrämung zugelassen. Der vierten Klasse, den Krämern, Handlungsdienern, kleineren Handwerkern, waren Atlas, Samt, Seide, Feinpelz gänzlich verboten. Endlich der fünften Klasse, den Handwerksgesellen, Dienstboten und Tagelöhnern waren vorgeschrieben Tuchschauben mit Fuchspelz, wollener Rock mit Taffetband besetzt; die Jungfrauen durften noch ein Perlenhalsband bis zum Werte von 10 fl. tragen. Diese Ordnung wurde bis 1621 alljährlich am Sonntag Jubilate von der Kanzel, später im Rathause öffentlich verlesen. Trotzdem wurde häufig geklagt über die Uebertretung des Gesetzes, und die „Hoffartspön" brachte dem Stadtsäckel nicht wenig ein. Erst der alle deutsche Lande dem Ruine nahebringende dreißigjährige Krieg machte dem übertriebenen Kleiderluxus in Deutschland ein Ende.

An seine Stelle trat das à la mode-Wesen; man äffte französische Tracht, französische Sitten nach; auch die Sprache wurde mit allerhand Fremdwörtern aufgeputzt, die meist gebraucht wurden, um den Mund recht voll zu nehmen und der Welt zu zeigen, welch ein Hauptkerl man sei. In fein sein wollender Gesellschaft sprach man entweder nur französisch oder warf wenigstens mit welschen Redensarten um sich, denn, wie Moscherosch von seinen Zeitgenossen sagt: „was haben will ein'n Schein, muß nur à la mode sein."

Daß diese Verhunzung deutscher Sprache schon zur Zeit der Minnesänger begann, beweist eine Strophe im „Tannhuser":

```
„ein riviere ich da gesach
durch den fores ging ein bach,
ze tâl über ein planüre.
ich schlich ir nach, bis ich sie fand
die schöne creatüre,
bei dem fontane sass die klare, süsse von statüre."
```

Diese Wichtigmacherei mit ausländischen Ausdrücken und Floskeln hat niemals ein so ungeheuerliches Maß angenommen, als nach dem dreißigjährigen Kriege. Man glaubte sich ein rechtes Ansehen zu geben, wenn man die aus aller Welt hervorgeholten fremden Sprachlappen auf die Muttersprache aufplätzte. „Heutzutage", so heißt es in einer 1689 erschienenen Schrift über den „deutsch-französischen Modegeist", „heutzutage muß alles französisch sein. Französische Sprache, französische Kleider, französische Speisen, französischer Hausrat, französisch Tanzen, französische Musik und französische Krankheit. Die meisten deutschen Höfe sind französisch eingerichtet, und wer an denselben versorgt sein will, muß französisch können und besonders in Paris gewesen sein, welches gleichsam die Universität aller Leichtfertigkeit ist."

Wie dies „alamodische" Fremdwesen unsere Sprache verhunzte, mag aus den nachstehenden Briefen hervorgehen, die im Herzen von Deutschland, in Leipzig, geschrieben wurden:

„Schönstes Sophiechen, meine einig Geliebte. Dero hohes und gesundes Vergnügen würde mir in Nachricht ganz ungemeinliches Plaisir causiren. Beigehend schlechtes Souvenir, ein silbern Bisam-Birlein wünschet dasjenige nach hochgeneigter Acceptirung zu effectuiren, daß meine Allerwertheste durch ein liebgeschätztes Antwortschreiben erweise, meine Wenigkeit sei bei meinem Ange in dem aestim und Hochachtung sich ungescheut zu nennen.

Machern, am 7. Juni 1667.
Mademoiselle
Ihrer Schönheit
Treuschuldigster Knecht
Wolff von Lindenau."

Die Antwort der Verlobten lautete:

„Mon coeur!

Von dessen liebwerthester Zuneigung erstatte ehrengebührenden Dank. Seine Gesundheit und contentement werden meinem Wohlsein jederzeit eine Vermehrung geben. Mir manquirt Gott sei gelobt, nichts als meines Allerwerthesten Praesens, die mich mehr als Alles vergnügen würde, doch sage schuldigen Dank für überschicktes Bisam-Birlein, welches Seiner mich immerdar eingedenkend machen wird. Monsieur, wenn ich Seiner werthesten Embrussirung versichert leben soll, so wird Seine baldige Anherokunft mir das beste contentement geben. Das wünscht von Herzen, die sich Ihm ganz ergeben hat und verbleibet.

Leipzig, am 10. Juni 1667.
Monsieur mon coeur
Seine
Ehren Treubeständigste Dienerin
Sophia von Beuchling.

P. Schönsten Gruß von der Frau Muhme und ihrem Jungfer."

Ferner:

"Monsieur hochgeehrter Patron!

Seine hohen Meriten badurch Er a l'extrême mich verobligiret causiren mich, benselben mit biesen Zeilen zu serviren. Mein Devoir hätte mir ohnlängst Adresse gegeben, solches zu effectuiren, aber aus manquement einiger Occasion verblieb es. — — Uebrigens bitte ich sich in particularien zu assecuriren baß ich strebe.

Sein Fidel, Diener, Knecht und Esclave
Le Baron de Haxthausen."

Dichtungen kamen in dieser Weise vor:

"Reverirte Dame
Phoenix meiner âme
Gebt mir Audience!
Eurer Gunst Meriten
Machen zu Falliten
Meine Patience!"

Am Hofe der Maria Theresia zu Wien befand sich ein Hansnarr, der so verfranzöselt war, daß er sich bemühte, seine deutsche Muttersprache nur rabebrechend zu sprechen. Es war bies der Staatskanzler Kaunitz, derselbe von Reklamesucht bis zum Bersten aufgeblähte Parvenü, der einem vornehmen Russen sagte: "Ich rate Ihnen, mein Herr, kaufen Sie sich mein Porträt; denn man wird in ihrem Lande froh sein, bas Abbild eines ber berühmtesten Männer kennen zu lernen, eines Mannes, der am besten zu Pferde sitzt, der als der beste Minister die österreichische Monarchie seit fünfzehn Jahren regiert, der alles kennt, alles weiß, sich auf alles versteht."*)

Wie sehr ein berartiger Bildungsschwindel auch ins Volk eingebrungen war, geht aus der Notiz eines Schriftstellers des vorigen Jahrhunderts hervor, der über die sächsische Frauenwelt, namentlich die Leipzigerinnen sich also ausspricht: "Will man in ihrer Gesellschaft nicht für einen geschmacklosen Menschen gehalten werden, so muß man eine Menge Titel von den neuesten Romanen und Komödien auswendig wissen und aus vielen Stellen zitieren können. Fragen sie nach diesem oder jenem Roman, ob man ihn gelesen, wie er gefallen hat, und man antwortet nein, so ist man gewiß ihren Sticheleien bei aller Gelegenheit ausgesetzt. Ihre Einbildungskraft wird noch durch das häufige Lesen von liebehauchenden, hinschmelzenden und hirnlosen Romanen erhitzt, woraus viele nur lernen, selbst Romane und Intriguen zu spielen. Und die Handwerkerstöchter? Wie schön war nicht vor Zeiten ihre Benennung "Jungfrau." Das Mädchen mit den rosigen Wangen nahm diese Anrede sittsam auf, denn dieser

---

*) Scherr, Deutsche Kulturgeschichte, S. 431.

Name kam ihr mit Recht zu und sie verlangte ihn. Allein jetzt würde man sich dem Hasse und der Verfolgung aller aussetzen, wenn man die Tochter eines Schneiders, Schuhmachers, Parruckenmachers oder sonstigen Handwerkers wollte „Jungfer" und nicht „Mademoiselle" nennen. Man würde für den gröbsten Kerl gehalten und in der ganzen Familie als ein Mensch von schlechter Lebensart gescholten werden. Die Mademoiselle würde schnippisch sein und mit so einem ungeschliffenen Flegel gar nicht sprechen und, müßte sie es ja thun, ihm soviel von Mademoisellen und Demoisellen vorschwatzen, daß er gleich ersähe, worin er gefehlt hat. Dieses kommt in ein paar Tagen in der ganzen Zunft der Putzmacherinnen herum, sobad ein Mensch, der dergleichen Sünde begangen hat, nicht auf der Straße gehen kann, wenn er nicht aus diesem und jenem Fenster ein höhnisches Lachen hören will. Das ist eine süße Rache. — Am besten verstehen es die Ladendiener mit den „Mademoiselles" umzugehen. Dafür sind sie aber auch für artige Leute ausgeschrien; ja einige, die den Kniff recht verstehen, küssen der Demoiselle gar die Hand und dann sind sie Abgott der ganzen Familie. In den Moden sind die Leipziger Frauen und Demoisellen sehr veränderlich. Jede Messe bringt eine neue. Vor kurzem war die Mode à la Marleborough und die Damen — aber auch die Herren — kleideten sich à la Marleborough, ja man speiste sogar auf Richters Kaffeehaus à la Marleborough. Kaum hatte die Erfindung der Luftbälle stattgefunden, so trugen die Damen alsbald Hüte, Schürzen, Tücher und Kleider à la Montgolfier. Ein Puderhändler ließ in die Zeitung setzen, daß bei ihm Puder à la Montgolfier zu haben sei, und in Zeit von ein paar Tagen hatte er über tausend Pfund abgesetzt."

Dieses Liebäugeln mit dem Franzosentum hat sich trotz aller Bestrebungen patriotisch und wahr denkender Männer noch nicht ganz verdrängen lassen. Wenn auch ein sehr großer Schritt zur Besserung bereits geschehen ist, so gibt es doch noch eine Unmasse einfältiger Menschenkinder, die da glauben, was rechtes zu sein, wenn sie sich statt Schneidermeister marchand tailleur, statt Gastwirt Restaurateur und Hôtelier, statt Haarschneider Coiffier und Parfumeur, ihre Arbeitsstuben atelier nennen und die Speisekarten mit vielfach falsch geschriebenen, dem großen Volke vollkommen unverständlichen Brocken verhunzen. Namentlich auch der sogenannte Amtsstil wimmelt noch von sprachlichen Ungeheuerlichkeiten, die in ihrer Zusammensetzung sehr oft dem Laien geradezu unlösbare Rätsel bieten. —

Bei den Völkern des Altertums wurde auch mit der Kostbarkeit des Gerätes, der Ausstattung der Häuser großer Luxus entfaltet und viel Reklame getrieben; ein besonderer Prunktisch, abacus, stand (wie heute bei uns der Silberschrank) im Speisesaale, und war auf demselben das kostbare Tafelgeschirr aufgestellt. Man hatte Prunk- und Schaugeräte, die von ihren Besitzern gegen gewisse Entschädigung an Leute, die bei ihren Festen großen Prunk entfalten wollten, vermietet wurden. Schon zu Sullas Zeiten gab es in Rom über 100 silberne Schüsseln von 100 Pfund jede. Der Sklave Rotunbus besaß eine solche von 500 Pfund, der Tragöde Aesopus hatte gar eine Schüssel im Werte von 100000 Sestertien. Neros maître de plaisir, T. Petronius, besaß einen Schöpfbecher im Werte von 300000 Sestertien, welchen er vor seinem Tode zerbrach, um ihn nicht in den Besitz des Kaisers kommen zu lassen. Nero selbst bezahlte für einen murrhinischen Becher eine Million Sestertien.

Ein verschwenderischer Luxus wurde auch in menschengroßen Metallspiegeln getrieben, und nicht selten war der Wert eines solchen einer Maitresse gehörigen Spiegels größer, als der der Aussteuer, welche der römische Senat der Tochter des großen Scipio gegeben hatte.

Vorliebe für derartige Schaugeräte zeichnete auch das ganze Mittelalter aus. Am berühmtesten war das massiv goldene Tafelservice des österreichischen Hofes. Dasselbe wog volle 4½ Zentner; jeder der achtundfünfzig Teller hatte 2000 Gulden; das Ganze 1300000 Gulden gekostet.*)

Ungeheuren Aufwand betrieben die vornehmeren Römer mit ihren Sklaven. Man renommierte mit der Zahl dieser „Schausklaven", die mitunter so massenhaft vorhanden waren, daß man sie absolut kaum beschäftigen konnte, so daß infolge dessen die Teilung der Arbeit bis ins Einzelnste ging. Jede Verrichtung gröberer oder feinerer Art hatte in einem vornehmen Hause ihre besonderen Sklaven: die Aufsicht über Haus und Hof, über die Zimmer, über das Bad, über Gerätschaften, Geschirre, über die Ahnenbilder, die Vorräte, die Garderobe, die Kunstgegenstände, ferner die Bedienung des Herrn sowohl im Hause als beim öffentlichen Erscheinen, die der Frau, zumal bei der Toilette, die Anmeldung, Unterbringung, Bedienung der Gäste, die vielerlei Verrichtungen beim Essen, beim Trinkgelage, im Bad, in der Bibliothek, im Stall, die gesellige Unterhaltung durch Vorlesen oder irgend welche Lustbarkeit. „Ein Sklave ist da", sagt Seneca, „um das Ausgespieene aufzuwischen, ein anderer, um unter die Tische zu schlüpfen und aufzulesen, was die Gäste auf den Boden geworfen haben; ein anderer tranchiert kostbares Geflügel, ein anderer hat den Wein herumzureichen, ein anderer muß aufmerken, welche Gäste auf morgen wieder eingeladen werden sollen, andere sind da, um eine Speise zu würzen, um den allergnädigsten Gaumen zu studieren!"

Neben den Thürhütern, Sänftenträgern, Küchengehilfen, Badedienern u. drgl. hatte man eine Menge Sklaven, welche eine besondere Kunst oder Fertigkeit verstanden, wie den triclini archa, welcher das Arrangement der Tafel zu besorgen hatte, den structor oder Vorschneider, welcher bisweilen nach einem gewissen Rhythmus sein Geschäft ausrichtete, die Barbiere und Friseure, ferner höher Gebildete, die für die geistige Unterhaltung zu sorgen hatten, die anagnostae, Vorleser, die paedagogi, die Aufseher der Kinder. Ein gewisser Calvisius Sabinus kaufte eine Anzahl Sklaven zu litterarischem Gebrauch, jeden zu 100000 Sestertien,

---

*) Scherr, Deutsche Kulturgeschichte, S. 427.

der eine mußte den Homer, der zweite den Hesiod auswendig, ebenso hatte jeder Lyriker seinen besonderen Vertreter; sie mußten beständig um ihren Gebieter sein und ihm die Verse, welche er gerade gebrauchte, soufflieren; der Herr meinte, er wisse das, was seine Sklaven wissen.

Wenn eine vornehme Dame unserer Zeit um ihren Toilettentisch vielleicht eine Kammerfrau und zwei Kammermädchen herumflattern sieht, so gehört sie gewiß schon zu den höchsten und vornehmsten Kreisen der Gesellschaft. Eine römische Patrizierin setzte aber jeden Morgen eine ganze kleine Armee von Sklavinnen in Bewegung.

Da gab es Thürsteherinnen (Janitrices), blos dazu bestimmt, den Vorhang von tyrischem Purpur zurückzuschlagen, wenn die Herrin aus dem Schlafgemach in das Ankleidezimmer trat, Schminkmädchen, Rot- und Weißauflegerinnen, Augenbrauenmalerinnen, Zahnputzerinnen, Spiegelhalterinnen, sämtlich „Kosmeten" genannt, ein der griechischen Sprache entnommenes Wort, der griechischen Sprache, die bei den römischen Damen der Kaiserzeit genau in derselben Weise gebraucht und als Umgangssprache der feinen Modewelt gang und gäbe war, wie es in unserer Zeit die französische Sprache ist — oder vielmehr, in bezug auf Deutschland wenigstens, war. So waren auch die griechischen Mädchen bei den römischen Damen als Zofen in demselben Ruf, wie es bei den deutschen Damen des achtzehnten Jahrhunderts die französischen filles de chambre waren, und eine Römerin würde sich für sehr schlecht geschminkt und frisiert gehalten haben, wenn sie nicht griechische Sklavinnen zur Bedienung gehabt hätte. Eine jede dieser Dienerinnen hatte ihre besondere Bestimmung bei der Toilette ihrer Herrin, ein Amt, das sie täglich üben mußte, um darin die größtmöglichste Geschicklichkeit zu erreichen. Die eine wusch der Gebieterin mit lauwarmer Eselsmilch den Brotteig ab, mit dem die eitle Dame während der Nacht ihr Gesicht beklebte, um die Haut weiß und weich zu erhalten, gerade, wie manche unserer Damen mit frischem Talg bestrichene hirschlederne Handschuhe des Nachts anziehen, um eine zarte Hand zu bekommen; die andere legte ihr Rot und Weiß auf die Wangen; die dritte malte mit einem zarten in fein gepulverten Bleiglanz getauchten Pinsel jene schwarzen Augenbrauen, die noch jetzt bei den Frauen des Orients als Schönheit gelten, und die ihren Besitzerinnen bei den alten Hellenen den Beinamen einer „kuhäugigen Juno" (Homer) verschafften; und die vierte endlich, die Zahnputzerin, reichte der Dame Mastix aus Chios zum Kauen, ein Mittel, welches die Zähne weiß und schön erhält. Haben die Schminkmädchen ihren Dienst verrichtet, dann nahen sich die Haarschmückerinnen, um die Locken der schönen, gefallsüchtigen Herrin in die modernste Façon zu bringen.

So ging die Teilung der Arbeit ins Unendliche, das ganze Sklavenwesen war eine lächerliche Uebertreibung. Cancilius Claudius hinterließ im Jahre 8 vor Christus, trotzdem er im Bürgerkriege große Verluste gehabt hatte, doch noch 4116 Sklaven. „Dem Demetrius Pompejanus wurde das Register seiner

Sklaven wie bei einer Heerschau alltäglich vorgelesen; „die Zahl ist", so sagt Seneca, „oft so groß, daß man zur Unterhaltung ausgedehnte fruchtbare Länderstrecken nötig hat". Nur zehn Sklaven zu besitzen war ärmlich; man schätzte den Mann nach der Zahl seiner Sklaven, welche ihn auf der Straße begleiteten oder welche er überhaupt zu halten im stande war. Gar keinen Sklaven zu besitzen galt als Zeichen großer Armut.*) Die Vornehmen ließen sich auf der Reise von einem Troß von Sklaven begleiten; und vollends groß wurde der Luxus des Apparats, welchen man auf Reisen mit sich führte, in der Kaiserzeit. Es galt für schmutzig, wenn ein höherer Beamter auf einer Reise nur von fünf Sklaven sich begleiten ließ. „Jetzt ist es allgemeine Sitte", sagt Seneca, „auf den Reisen ein ganzes Regiment numidischer Reiter mitzunehmen; eine Schar Läufer muß vorangehen; es gilt für eine Schande, wenn man keine Leute bei sich hat, welche die Begegnenden zwingen, Platz zu machen; welche durch die Staubwolken, die sie aufwirbeln, zeigen, daß ein Reisender von Distinktion sich nähert. Man nimmt Maultiere mit, welche Kristallgefäße und alle möglichen kostbaren Geräte tragen; man würde sich schämen, nur solche Dinge mitzunehmen, welche ohne Schaden zerbrechen können".

Die Sucht, durch einen derartigen Dienertroß zu glänzen, zog sich noch durch das ganze Mittelalter hin.

Der Herzog Alba hatte in seinem Palast in Madrid keinen angemessenen Saal, wohl aber 400 Bedientenkammern, die zugleich die Frauen und Kinder der Dienerschaft beherbergten. Er bezahlte monatlich 20,000 Mark Lohn, der Herzog von Medina-Celi sogar 80,000 Mark. — In Rußland hielt vor 1812 noch mancher Adelige 1000 Diener, von denen vielleicht mancher nur eine Verrichtung des Tages hatte. Der Sultan Bajazeth hielt sich 7000 Falkoniere. Unter Jakob I. von England gab es noch Gesandte, welche 500 Diener hatten, und doch besaß er selbst nur ein Paar seidener Strümpfe, die er seinem Minister lieh, um die Audienz des französischen Gesandten annehmen zu können. —

Wie gegen den Kleideraufwand, so sah sich der römische Senat auch mehrfach veranlaßt, gegen die überhandnehmende Üppigkeit der Tafel einzuschreiten, da sich gar manche Familie durch das Bestreben, sich einen großen Namen zu bereiten, sich hervorzuthun, finanziell völlig ruinierte. Der berühmte Tragöde Aesop setzte seinen Gästen einmal eine Schüssel vor, welche 100 000 Sestertien gekostet hatte. Man staunte, fragte und erfuhr, daß sie nur Zungen von solchen Vögeln enthielt, die zum Singen oder Sprechen abgerichtet worden waren. Caligula verzehrte in einer Mahlzeit ein Vermögen von 10 Millionen Sestertien. Man aß die Zungen der Nachtigallen wegen ihres Gesanges, des Flamingo wegen

---

*) Bender, Rom und römisches Leben im Altertum, S. 157, 358.

seiner Farbenschönheit. Kaiser Heliogabalus ließ bei einer einzigen Mahlzeit 600 Straußengehirne servieren. Es gab Seebarben, die das Stück mit 8000 Sestertien bezahlt wurden.

Die Schlemmerei, gepaart mit unnatürlicher Großmannssucht führte die römischen Vornehmen zu den wahnsinnigsten Ausschreitungen. Auf Dächern gab es Gärten und Fischteiche; man ließ, um dem Uebermute zu fröhnen, Berge ab- und an einem anderen Orte wieder auftragen. Hortenslus begoß seine Bäume mit Wein. Cleopatra und Caligula lösten kostbare Perlen in Essig auf, um in einem Schluck ein Vermögen vertrinken zu können. Man hielt sich purpurgefärbte Schafherden, schleppte aus den Wäldern und Wüsten Asiens und Afrikas Tausende reißender Tiere, um die Schaulust des entarteten Geschlechts bei den öffentlichen Kampfspielen zu reizen. Man ließ selbst Rehe kämpfen, Elefanten tanzen, fuhr mit gezähmten Löwen und Tigern, ja sogar mit wilden Schweinen. Man suchte etwas darin, die seltensten Tiere für die Tafel herbeizuschaffen; „am Phasis", so sagt Seneca, „holen sie das Material für ihre Küche, Vögel bei den Parthern; die Enden des Ozeans müssen die Leckerbissen für ihren verwöhnten und verdorbenen Magen senden. Sie erbrechen sich, um zu essen und essen, um sich zu erbrechen. Nur die Seltenheit oder die Schwierigkeit der Herbeischaffung hat noch einigen Reiz, das ist das einzige, was für den abgestumpften Gourmand noch pikant ist".

Die Großmannssucht des derberen Mittelalters gefiel sich weniger in der Kostbarkeit der herbeizuschaffenden Speisen und Getränke, sondern mehr in der massenhaften Konsumtion derselben. Gelage und Hochzeiten brachten gerade hierin einen ungeheueren Aufwand mit sich.

Auf der Hochzeit Wilhelms von Oranien wurden 4000 Scheffel Weizen, 8000 Scheffel Roggen, 13,000 Scheffel Hafer, 3600 Eimer Wein, 1600 Fässer Bier verzehrt. Die Hochzeitsgäste hatten allein 5647 Pferde mit. Bei der Hochzeit Eberhards von Württemberg im Jahre 1474 erschienen 14,000 Gäste. Bei der Hochzeit Ulrichs von Württemberg im Jahre 1511 wurden 136 Ochsen, 1800 Kälber, 2759 Kramtsvögel verzehrt. Das merkwürdigste Beispiel ist die Hochzeit des Wilhelm von Rosenberg mit Anna Maria von Baden vom 26. Januar bis 1. Februar 1576. Konsumiert wurden 1100 Eimer ungarischen und deutschen Weins, 40 Pipen spanischen Weins, 903 Fässer Bier, 40 Hirsche, 50 Gemsen, 20 wilde Schweine, 50 Fässer gesalzenes Wildpret, 2130 Hasen, 250 Fasanen, 30 Auerhähne, 2050 Rebhühner, 150 Mastochsen, 20,688 kleine Vögel, 561 Kälber, 2308 Würste, 654 Schweine, 450 Hammel, 395 Lämmer, 20 geräucherte Ochsen, 40 geräucherte Hammel, 330 Pfauen, 5235 Gänse, 18,120 Karpfen, 13,029 Hechte, eine Unzahl andere Fische, 30,943 Eier, 490 Scheffel feines Korn, 42 Zentner Butter, 29 Zentner Schmalz ꝛc.

Daß auch geistliche Herren eine Ader für derartige Völlereien und kostspielige Massenfreßereien hatten, ist sattsam bekannt; als Beispiel setzen wir den Küchenzettel für das Gastmahl hierher, welches am Tage der Installation des Erzbischofs von York, Georg Nevils, gegeben wurde.

Zu diesem Feste waren erforderlich: 300 Quart Weizen, 330 Tonnen Aale, 104 Tonnen Wein, 1 Pipe Gewürzwein, 80 fette Ochsen, 6 wilde Stiere, 1004 Hammel, 300 Schweine, 300 Kälber, 3000 Gänse, 3000 Kapaunen, 300 Ferkel, 100 Pfauen, 200 Kraniche, 200 Ziegenlämmer, 2000 junge Hühner, 4000 junge Tauben, 4000 Kaninchen, 204 Rohrdommeln, 4000 Enten, 200 Fasanen, 500 Rebhühner, 4000 Schnepfen, 400 Wasserhühner, 100 große Brach=

Ein Bankett im Mittelalter.
(Aus Henne am Rhyn: „Kulturgeschichte". Grote's Verlag, Berlin.)

vögel, 100 Wachteln, 1000 Reiher, 200 Rehe, 400 Stück Rotwild, 1506 Wild= pretpasteten, 1400 Schüsseln gebrochenes Gelee, 4000 Schüsseln ganzes Gelee, 4000 kalte Custards, 2000 warme Custards, 300 Hechte, 300 Brachsen, 8 Robben 4 Delphine oder Tümmler und 400 Torten. — 62 Köche und 515 Küchendiener besorgten die Zubereitung dieser Speisen und bei Tafel selbst warteten 1000 Diener auf. Mitunter ließ man sich von berittenen Dienern servieren, wie dies unsere Abbildung zeigt.

Solchen von den Großen gegebenen Beispielen ahmte der Bürgerstand ge= treulich nach. Die Sucht, sich hervorzuthun, ergriff den Handwerkerstand und wir sehen einzelne Handwerker des Mittelalters mitunter einen fürstlichen Auf= wand treiben. So richtete im Jahre 1493 der Bäcker Veit Gundlinger zu

Augsburg seiner Tochter eine Hochzeit aus, bei welcher an sechzig Tischen gespeist wurde. An jedem Tische saßen zwölf Männer, Junggesellen, Frauen und Jungfrauen, zusammen 720 Hochzeitsgäste. Die Hochzeit dauerte acht Tage; es wurde so gegessen, getrunken, getanzt, genect und gebuhlt, daß am siebenten Tage schon viele wie tot hinfielen.

Aehnliche Zustände, wenn auch in bescheidenerem Maße, haben sich noch in einigen deutschen Gauen erhalten. Namentlich die Hochzeitsfeierlichkeiten in der Lausitz und in Westfalen sind durch die damit verbundene Massenkonsumtion an Speisen und Getränken berühmt. Den mittelalterlichen Leistungen hat die Neuzeit aber nur wenig zur Seite zu stellen.

Erwähnen wollen wir noch ein Diner, welches im Jahre 1885 der Krösus der neuen Welt, William Vanderbilt in New-York, kurz vor seinem Tode gab. Den Schilderungen der Zeitungskorrespondenten nach läßt sich dies Diner in seiner Zauberpracht nur mit den Banketts aus „Tausend und eine Nacht" vergleichen. Die Tafel war mit kostbaren alten Spitzendecken, welchen blauer Atlas unterbreitet war, bedeckt. Alle Tischgeräte, Schüssel, Messer, Gabel und Löffel waren von Gold; an jedem Ende der Tafel waren Aufsätze im Renaissancestil, fünf Fuß hoch, mit Halb-Edelsteinen verziert und mit den köstlichsten Früchten angefüllt. Statt der Servietten gab es große irische Spitzentücher, in welchen die Initialen der Gäste eingestickt waren. Die Menüs waren auf Goldtabletts gemalt, welche in Email ausgeführte Szenen von Watteau darstellten. — Ein kurze Zeit auf dieses Diner folgender Ball kostete Vanderbilt weit über 100,000 Dollars. Zwölf Barrels Mehl waren zu Kuchen und Pasteten verbacken worden, die Köche verbrauchten 12,000 Eier, 1100 Pfund Fleisch, 300 Quart Gelee, 400 Hühner und 12 Gallonen Portwein, Madeira und Claret. Im Laufe der Nacht trank man 1750 Flaschen Champagner, 90 Flaschen Sherry, 1225 Flaschen Rheinwein, 1300 Flaschen Rotwein und 670 Flaschen andere Weine. Die für die Dekoration der Souper-Tafeln und Ballsäle verwendeten Blumen waren aus Florida herbeigeschafft worden und kosteten 20,000 Dollars; das Damastgedeck, welches für diese Gelegenheit eigens fabriziert worden war, kostete 15,000 Dollars. Die Toiletten der Damen waren prachtvoll, obgleich die meisten durch eine Ueberladung mit Brillanten schlechten Geschmack verrieten; zwischen den männlichen Besuchern schien ein edler Wettstreit zu herrschen, wer den andern durch die größten Brillant-Hemdknöpfe überbieten könne. Ueber dieses Fest brachte der „New-York-Herald" am andern Morgen nicht weniger als fünfundzwanzig Spalten Beschreibung, und die anderen Zeitungen brachten verhältnismäßig ebenso ausführliche Berichte. Vanderbilt wurde geradezu beschuldigt, diese exorbitanten Schilderungen provociert zu haben, indem er einem jeden der in corpore geladenen Journalisten eine 1000 Dollarnote in die Serviette habe einknüpfen lassen.

Den Reklamehelden bietet aber nicht nur das Leben, nein auch der Tod Gelegenheit zur Befriedigung ihrer Großmanns- und Reklamesucht. Wie im alten Griechenland, so sah sich auch im alten Rom die Gesetzgebung gezwungen, zu wiederholtenmalen scharfe Bestimmungen gegen den überhandnehmenden Begräbnisluxus zu erlassen. Daß diese Erlasse in der That eine Notwendigkeit waren, geht aus dem Berichte des Plinius hervor, daß man sogar gemalte und polierte Scheiterhaufen hatte, daß deren bei der Totenfeier Sullas sechstausend brannten und daß, als Nero seine Gemahlin Poppäa Sabina begrub, mehr Weihrauch und Kassia verräuchert wurde, als ganz Arabien in einem Jahre nachwachsen lassen konnte. Römische Geschichtschreiber berichten, daß sich einzelne Familien durch ein einziges mit allem Pomp ausgestattetes Leichenfest und das darauf folgende Leichenmahl stark in Schulden stürzten, ja förmlich ruinierten, da der Aufwand wahre Unsummen verschlang.

War ein vornehmer Mann gestorben, so wurde der mit den Insignien des Amtes, das der Tote innegehabt, geschmückte Leichnam auf einem mit purpurnen, goldburchwirkten Decken versehenen und mit Kränzen verzierten Paradebett im Atrium des Hauses aufgestellt; daneben standen Rauchpfannen und zum Zeichen der Trauer waren Tannen- und Cypressenzweige angebracht. Am Tage des Begräbnisses ward das Publikum zur Teilnahme an der Feier durch den Ruf der Herolde eingeladen:

„Ollus (Ille) Quiris leto datus. Exsequias quibus est commodum ire iam tempus est. Ollus ex aedibus effertur." (N. N. ist des Todes verblichen. Wer es kann, mag sich jetzt dem Leichenzuge anschließen. Eben wird er zum Hause herausgetragen.") Der Leichenzug wurde geordnet durch den Dissignator und seine Diener. Eröffnet wurde der Zug (pompa funebris) durch ein Musikkorps (die Zahl der Flötenbläser wurde durch die Gesetze auf zehn beschränkt) und die Klageweiber, welche ein Klagelied absangen, auch wohl durch Klagegeberden ihren bezahlten Schmerz ausdrückten. Zum Kontrast folgte eine Schar von Tänzern und Mimen, welche teils auf ernste, teils und besonders durch komische, nicht selten possenhafte Weise die hervorstechendsten Charakterzüge des Verstorbenen zur Anschauung brachten. Höchst eigentümlich war die hierauf folgende Prozession der Ahnenbilder. Es waren diese Ahnenbilder nicht nur bloße Wachsmasken oder Wachsbüsten, wie man sie in dem Atrium, dem Hauptsaale des Hauses, in Schränken aufbewahrte, sondern auch ganze Wachsfiguren in der vollen Amtstracht eines jeden der dargestellten Ahnen. Die Wachsmasken und Büsten wurden von Schauspielern aufgesetzt, die nun förmlich die betreffenden Ahnen vorstellen mußten. Die ganzen Wachsfiguren wurden auf Wagen sitzend mitgeführt. Wie im Leben den Würdenträgern die Liktoren vorangegangen waren, so zogen auch hier dieselben den Wachsbildern voraus. Auf mehrere Hunderte belief sich bei den vornehmsten Geschlechtern die Zahl dieser Ahnenbilder; vom Leichenbegängnisse der Marcia wird berichtet, daß bei demselben ein größerer Zug von Ahnenbildern als von lebenden Begleitern der Leiche zu sehen war. Beim Begräbnisse des Sulla sollen sogar 6000 dieser Bilder mitgeführt worden sein. Daran schlossen sich allerlei Erinnerungen an die Thaten des Verstorbenen, Abbildungen der von ihm eroberten Städte, erlangten Auszeichnungen und dergleichen. Nun folgte das Paradebett, auf welchem der Tote in voller Galatracht saß; er wurde getragen von den nächsten Verwandten, den Erben und Freigelassenen, an welche sich dann die übrigen Leidtragenden in schwarzen Kleidern und ohne allen Schmuck, die Söhne mit verhülltem Haupt, die Töchter mit aufgelösten Haaren anschlossen. Der Grieche Polybius spricht mit Lebhaftigkeit von dem imposanten Anblick, den es gewährte, wenn nun der Leichenzug sich nach dem Forum bewegte und dort vor den Rednertribünen Halt machte, um die Leichenrede (laudatio funebris) anzuhören. Da wurden die Ahnenbilder auf den elfenbeinernen Amtssesseln in weitem Kreise niedergelassen. „Etwas Schöneres", so sagt Polybius, „kann ein des Ruhmes und der Tugend beflissener junger Mann nicht leicht sehen." Ein Verwandter des Verstorbenen hielt nun vor der versammelten Menge und vor den gleichsam zum Leben zurückgekehrten Ahnen die Leichenrede, (worin der bestehenden Sitte nach nicht nur von dem Leben und den Thaten des zu bestattenden Toten die Rede war, sondern ganz besonders auch ein Rückblick auf die glorreiche Geschichte des Geschlechtes und der einzelnen Vorfahren geworfen wurde.*) Das „De mortuis nil nisi bene" pflegten die Redner im strengsten Sinne des Wortes zu beobachten, weshalb schon die alten Schriftsteller bemerken, daß die Leichenreden eine Hauptursache der Geschichtsfälschung seien.

Der Verbrennung des Toten, wobei der abgebrannte Holzstoß nicht selten mit Wein gelöscht wurde, folgten Opfer- und Leichenmahlzeiten, auch veranstalteten vornehme Familien, um ihren Ruhm, das Renommee ihres Adeltums, ihres Reichtums noch mehr zu befestigen, große öffentliche Mahlzeiten, Fleischverteilungen, theatralische Vorstellungen und Gladiatorenkämpfe, wozu das ganze Publikum geladen ward. —

Einer höchst originellen Reklame beim Begräbnisfeste bedienen sich die Chinesen. Die Sitte derselben erfordert, daß der Tote mit mehreren Anzügen angethan in den Sarg gelegt werde. Reichen die Mittel nicht aus, dieser allerdings kostspieligen Sitte Genüge zu thun, so hilft man sich mit Anzügen, die bis auf die Schuhe und Mützen herab, aus der allerschlechtesten Seide oder selbst aus Papier zusammengekleistert, in besonderen Läden zu diesem Zweck verkauft werden. In einiger Entfernung gesehen, machen sie sich ganz gut und reichen vollständig hin, den Schein zu wahren. Wie die Orientalen überhaupt, so lieben auch die Chinesen freigebig zu scheinen und große Geschenke

---

*) Bender, Rom und römisches Leben, S. 302; Polybius VI., S. 53.

zu machen, während der Geber sicher darauf rechnet, daß sie nicht angenommen werden, und es von seiten des Empfängers sogar Mangel an Takt und einen Verstoß gegen Sitte und Anstand verraten würde, wollte er dieselben annehmen. So gibt es denn unzählige Gelegenheiten, wo es herkömmlich ist, daß Freunde und Bekannte sich Anstandsgeschenke übersenden. Um sich nun nicht in unnötige Unkosten zu stürzen, geschieht es wohl, daß man die Gegenstände, die man auf solche Weise zu verschenken wünscht, sich nur leiht oder unter der Bedingung kauft, daß sie zurückgegeben werden können, falls der Beschenkte sie, wie man hofft und erwartet, dankend ablehnt. Für solche Gaben hat man einen eigenen Namen; sie heißen „Pferde zum bloßen Ansehen."*)

Mit unerhörtem Prunk werden zumeist auch die Großen, die Herrscher der Erde bestattet. Die Leichen werden auf eigens hergerichteten Parabebetten ausgestellt, und wochen= ja monatelang ist strengste Trauer dem ganzen Lande vorgeschrieben.

Den denkbar höchsten Grad derartigen Aufwandes, derartiger Reklamesucht erreichen wohl die Leichenfeierlichkeiten, die unter den Eskimos und den Indianern der Nordwestküste Amerikas bereitet werden, um dem Verstorbenen und den Angehörigen einen großen Namen zu verschaffen. Diese Leichenfeierlich= keiten sind mit einem Schenkfeste (potlash) verbunden, während welchem von den Hinterbliebenen ganze Massen von Decken, Kleidungsstücken und dergl. an alle diejenigen verschenkt werden, die an dem Feste teilnehmen. Kapitän Jacobsen berichtet über ein derartiges Fest, welches von fünf verschiedenen Familien gegeben wurde, die sich gemeinsam zu diesem Feste vereinigt hatten, um das Andenken ihrer Verstorbenen ins rechte Licht zu bringen. Im Namen jeder Familie fungierte ein Mitglied derselben als Repräsentant beim Feste.

„Nach Beendigung des Essens", so schreibt Jacobsen**), „wurde das Oberlichtfenster in der Mitte des Daches herausgenommen und es begann ein Schauspiel ganz eigener Art, indem nunmehr der große Akt des Verteilens der Geschenke sich abspielte. Man würde so viele Gegenstände, wie ich weiter unten aufzählen werde, kaum durch das gewöhnliche Einsteigeloch in der Mitte des Fußbodens haben hineinbringen können und man versuchte dieses auch gar nicht, sondern wählte den Weg durch das Oberlichtfenster. Es bot eine hübsche Augen= weide dar, als eine lange Leine von oben durch die Fensteröffnung hinabgelassen wurde, welche die Eskimos langsam herunterzogen. An dieser Leine befand sich alle paar Fuß einer der als Geschenk zu verteilenden Gegenstände. Da die dortigen Eskimos nicht nach dem dekadischen Zahlensystem, sondern nach der Anzahl ihrer Finger und Zehen rechnen, so entspricht die höhere Zahleneinheit der Zwanzig. Die Geschenke waren deshalb auch immer in Gruppen zu 20 ange= ordnet. Während diese Gegenstände langsam hinabgezogen wurden und bald

---

*) „Ausland", Nr. 36, 1866.
**) Jacobsen's Reise an der Nordwestküste Amerikas, S. 263.

den Innenraum des Festhauses mit ihrer stattlichen Menge anfüllten, wurde ein gemeinsamer Gesang vorgetragen. Der Inhalt des letzteren besagte, daß nunmehr das Eigentum der Verstorbenen verteilt würde, und daß alle Anwesenden eingeladen seien, ihren Teil von der Erbschaft zu empfangen. Hierauf wurde der Verstorbene außerordentlich gelobt, indem darauf hingewiesen wurde, daß er ein großes Vermögen hinterlassen habe.

Es wurden verteilt:

20 Stück Nähtaschen aus Renntierfell.
20 Stück Regenmäntel für Kinder.
20 Stück Tücher.
20 große Kamelikas, Regenmäntel aus Seehundsnetz.
20 Paar Stiefel.
20 Paar kleine Seehundsblasen.
20 Faden buntes Baumwollenzeug.
20 Hemden von buntem Baumwollenzeug.
20 Matten für Kajaks.
20 Seehundsblasen.
20 Stück Unterhosen.
20 Paar Frauenstiefel.
20 Kamelikas.
20 Nähsäcke aus Lachshaut.
20 geschnittene Riemen aus Seehundsfell.
20 europäische Messer.
 5 Stück große Muklak- (Seehunds-) Felle.
20 Bündel getrockneter Lachse.
20 Stück Fenster, respektive die Seehundsdärme dazu.
20 Stück Nähtaschen aus Walroßkehlen.
20 Paar wasserdichte Handschuhe.
20 Kamelikas.
20 Paar kleine Stiefel.
20 Paar Kinderstiefel.
20 Paar Stiefel für Erwachsene.
20 Vorspitzen für Harpunen.
20 Harpunen.
20 hölzerne Speiseschüsseln.
20 Vogelharpunen.
20 Blasen zu Vogelharpunen.
 u. s. w. u. s. w.

Es dauerte einige Stunden, bevor die Sachen hinabgelassen waren und nahm fast die ganze Nacht in Anspruch, bevor alles an die Teilnehmer des Festes verteilt worden war. Mit den fünf Familien-Repräsentanten ging gegen Schluß des Festes eine merkwürdige Veränderung vor, indem sie sich nämlich, als ein äußeres Zeichen dafür, daß sie alles zu Ehren der Verstorbenen verschenkt hatten, sämtliche Haare des Körpers vollständig abschoren. Alsdann begannen sie sich zuletzt auch noch des einzigen Besitztums, ihrer Kleider, zu entledigen und warfen dieselben aus dem Kassigit, der Hütte, hinaus. Nunmehr konnten sie mit Fug und Recht behaupten, daß sie absolut gar nichts mehr besäßen. Diese bis aufs äußerste getriebene Entsagung wurde sofort belohnt, indem von unsichtbarer Hand Kleidungsstücke geflogen kamen, welche von den fünf Personen sofort angezogen wurden."

Geldprotzen und Parvenüs.

Wer wäre in seinem Leben noch nicht mit einem Geldprotzen zusammengetroffen, wer kennte sie nicht, jene zweibeinigen Narren, die kein größeres Vergnügen kennen, als allüberall ihren Reichtum auszuposaunen!

Die wahre Type eines solchen Geldprotzen ist Trimalchio, jene ergötzliche Karikatur, welche uns Petronius in seiner berühmten Satire aus der Zeit des Kaiser Nero gibt.*)

Trimalchio, ein reicher Parvenü, hat seine Freunde zu einem Gastmahle geladen und kredenzt während desselben seinen Gästen einen Wein, von welchem er beiläufig erwähnt, daß derselbe auf einem seiner Landgüter gewachsen sei, das er selbst aber bisher noch nicht einmal gesehen habe. Als während des Auftragens der Speisen zufällig eine große silberne Schüssel zu Boden fällt und ein Knabe dieselbe aufhebt, läßt ihm Trimalchio Backenstreiche geben und befiehlt ihm, die Schüssel wieder hinzuwerfen. Gleich darauf kommt ein Küchenjunge und wirft das Silber samt dem Auskehricht weg.

Weiter wird geschildert, wie das von Trimalchio bereitete Gastmahl durch den Eintritt eines Aktuarius, eines Hausschreibers, unterbrochen wird, welcher seinem Herrn einen Tagesbericht vorliest über das, was an diesem Tage sich auf den Gütern des Trimalchio ereignet habe. Hier liegt die Pointe der Reklame darin, daß dieser karikierte Prahler Trimalchio sich einen Bericht erstatten läßt ganz in der Form und Weise, wie täglich die von der Regierung oder dem Senate herausgegebenen acta urbana erschienen, also gerade wie wenn seine Besitzungen die Größe und Bedeutung einer ganzen Stadt hätten und darum ein eigenes Tageblatt, ihre eigenen Acta diurna, wie die Weltstadt Rom selbst hätten. In derselben karikierten Uebertreibung der Größe und des Reichtums sind alle einzelnen Angaben des Tagesberichtes gehalten. Die Stelle bei Petronius lautet also: „Die Ausgelassenheit des Tanzes unterbrach ein hereintretender Aktuar, ein Hausschreiber, welcher, als läse er den Tagesbericht einer Stadt, folgendes vortrug: „Auf dem Cumanischen Landgute, welches dem Trimalchio

---
*) Petronius, Das Gastmahl des Trimalchio.

gehört, sind am 26. Juli geboren worden 30 Knaben und 40 Mädchen; von der Tenne wurden in die Scheunen gebracht 500,000 Scheffel Weizen; 500 Ochsen wurden gezähmt. — An demselben Tage wurde der Sklave Mithridates ans Kreuz geschlagen, weil er von dem Genius unseres Herrn übel gesprochen hatte. — An demselben Tage wurde die Summe von einhunderttausend Sestertien bar in die Schatzkammern gelegt, weil das Geld sonst nicht angebracht werden konnte. — Unter dem nämlichen Datum entstand ein Brand in den pompejanischen Gärten; er kam in dem Hause des Verwalters Nesta zum Ausbruch. . . .

„Wie?" unterbrach hier Trimalchio, „seit wann sind die pompejanischen Gärten für mich angekauft worden?" —

„Erst seit dem vorigen Jahre," antwortete der Hausschreiber, „deswegen sind sie auch noch nicht in Rechnung gebracht worden."

Da wurde Trimalchio glühend vor Zorn und sagte: „Wenn Grundstücke für mich angekauft werden und mir dieses nicht innerhalb eines halben Jahres zur Anzeige gebracht wird, so sollen sie mir nicht mehr in Rechnung gestellt werden."

Darauf wurden von dem Hausschreiber weiter vorgelesen die Namen und die Edikte der Gutsverwalter; ferner, daß eine Freigelassene von ihrem Manne, einem Oberaufseher, verstoßen worden sei, weil sie in sträflichem Umgange mit einem Bader betroffen wurde; daß ein Thürhüter nach Bajä verbannt worden; daß ein Rechnungsführer in Anklagestand versetzt und durch ein von Kammerdienern zusammengesetztes Gericht verurteilt worden sei" u. s. w.

Bezeichnend ist, daß Trimalchio sein Vermögen auch auf seinem Grabsteine angeben läßt; er gleicht darinnen dem Freigelassenen P. Decimius, der auf seinem Monumente angibt, daß er ein Vermögen von 520,000 Sestertien hinterlassen habe.

Wie ein Parvenü unserer Tage sich bemüht, sein Licht leuchten zu lassen, wie er bestrebt ist, sich die höheren gesellschaftlichen Kreise zu erschließen, schildert der verstorbene Kalisch mit folgenden Worten:

„Aller Anfang ist schwer. Der Emporkömmling, der zum erstenmale seine Salons eröffnet, nimmt es mit seinen Gästen nicht sehr genau. Da sieht man denn Ritter, die sich selbst zu Rittern geschlagen, Grafen, deren Grafschaften in unentdeckten Ländern liegen, Marquisinnen mit langen Namen und Schleppen und in deren Blicken das Vestafeuer längst erloschen, Prinzessinnen, von denen die Philosophie des Gothaischen Almanachs sich nichts träumen läßt und deren Verwandte, wer weiß wo, mit Schwefelhölzchen handelten oder gar die Straßen lehrten. Der Amphitryon sorgt für ein vortreffliches Orchester und noch vortrefflicheres Büffet. Er bietet seinen Gästen zum Souper die feinsten Weine, das kostbarste Wildpret und, obgleich der Schnee auf den Dächern liegt, die dicksten Spargel und die aromatischsten Erdbeeren. Der Zweck einer solchen Soiree wäre jedoch verfehlt, wenn der Glanz derselben nicht in den öffentlichen

Organen bewundert würde. Er hat es deshalb nicht unterlassen, eine Schar Journalisten einzuladen, die am folgenden Tage die Herrlichkeit dieser Soiree, die Liebenswürdigkeit des Hausherrn, die Grazie der Hausfrau, die ebenso pracht= als geschmackvolle Einrichtung der Salons, die Leistungen der Künstler und ganz besonders die ausgezeichnete Gesellschaft rühmen, in der sich Graf M—y und der geistvolle Prinz C—a befanden und die Prinzessin P—i unter den vielen Schönheiten durch ihre eigentümliche, höchst malerische Toilette die Bewunderung aller erregte.

Durch diese Posaunenstöße angelockt, bestrebt man sich schon in weiteren Kreisen um die Gastfreundschaft des Emporkömmlings, und nach und nach werden seine Soireen und seine Bälle auch von den Berühmtheiten des Tages besucht und von den großen Pariser und auswärtigen Zeitungen besprochen. Der Parvenü liest die Schilderung seiner Feste und die Namen seiner Besucher in der Indépendance Belge, und er unterläßt auch nicht, die betreffenden Exemplare dieses vielgelesenen Blattes in einem Salon auf den Tisch zu legen, wo die neuesten Erscheinungen der Litteratur die vergoldeten Rücken zeigen. Der Haus= herr selbst betrachtet von diesen Erscheinungen sowie von dem Inhalt der reich= verzierten Bücherschränke auch niemals mehr als die glänzende Rückseite. Freilich merkt man an seiner Unterhaltung, an den derben Ohrfeigen, die er in seinem Gespräche unablässig der Grammatik versetzt, an seinen gemeinen Redewendungen, an der Plattheit seiner Gesichtszüge und an seinem ganzen Gebahren, daß die Musen und Grazien nicht an seiner Wiege gelächelt. Allein die Musen und Grazien geben keine glänzenden Abendunterhaltungen, und die Unwissenheit und Flachheit des Wirtes benehmen seinem Chateau Margaux nicht das Boukett, den Trüffeln in seinen Feldhühnern nicht den angenehmen Duft, den seltenen Früchten, die in reicher Fülle die Tafel zieren, nicht die süßanlockende Würze. Indessen werden solche Salons nicht blos der Tafelfreuden wegen besucht. Ernst= bedachte Mütter, die reicher an Töchtern sind als an Mitgift für dieselben, werfen hier Netze nach Schwiegersöhnen aus. Man sieht in solchen Kreisen einen reichen Flor junger Schönen und es gelingt auch mancher Mutter, nach vielen vergeblichen Versuchen endlich einen unvorsichtigen Eidam im Netze zappeln zu sehen.

Eine Hauptsorge des Parvenüs, der in der Pariser Gesellschaft eine Rolle spielen will, besteht darin, den ersten Vorstellungen beiwohnen zu können. Die erste Darstellung eines Stückes in einem großen Pariser Theater ist immer ein Ereignis. Alles, was die Weltstadt an Litteratur= und Kunstgrößen besitzt, sowie die Spitzen der Diplomatie und der Finanz sind dann zugegen, und die Damen zeigen sich bei einer solchen Gelegenheit in den kostbarsten Toiletten. Schon mehrere Monate bevor ein Stück von Emile Augier, Dumas Sohn oder Victorien Sardou in Szene geht, thut man Schritte, um sich einen Platz für die erste Aufführung zu sichern. Dies gelingt aber nicht durch Geld allein;

man muß auch Einfluß in gewissen Kreisen haben, wenn die Schritte nicht vergebens sein sollen. Es ist daher eine große Ehre, an solchen feierlichen Abenden sich in einer Loge spreizen zu können und am folgenden Tage unter den berühmtesten Namen seinen eigenen zu lesen. Eine große Ehre ist es auch, zu den Ministerbällen und den diplomatischen Soireen zugelassen zu werden. Warum sollte er aber nicht zugelassen werden? Hat er nicht erst vor kurzem fünfhundert Brote unter die Armen seines Viertels verteilen lassen? Hat er nicht eine bedeutende Summe für das „Asyle de Prince Impérial" geschickt? Ist seine Gattin nicht „Dame Patronesse" mehrerer milbthätiger Anstalten? Und haben nicht alle Zeitungen zu wiederholtenmalen die Wohlthaten gepriesen, die er im Verborgenen ausübt?

Der Parvenü will aber nicht blos als wohlthätiger Mann, er will auch als Mäcen gelten. Er besucht daher häufig das Hotel Drouot und läßt sich von einem Bilderhändler zuflüstern, welche Werke er kaufen, wie viel er dafür bieten soll. Hat er irgend ein Bild um einen hohen Preis an sich gebracht, so wird seine Kunstliebe in den Tagesblättern gerühmt und daran liegt ihm viel mehr als an dem Kunstwerke, das er bei der ersten besten Gelegenheit wieder losschlägt. Er kauft wohl auch alte Rüstungen und stellt sie in einem besonderen Saal auf, und wenn er dieselben seinen Besuchern zeigt, geberdet er sich, als ob diese Helme und Harnische von seinen Ahnen in wütenden Schlachten getragen worden wären, während seine Ahnen friedliche Pfeffertüten drehten, oder Schere und Bügeleisen hantierten.

Es gibt in Paris nicht wenige Emporkömmlinge, die alte Porträts in Perrücken und besternten Fräcken kaufen und dieselben als Konterfeis ihrer Vorfahren an die Wände hängen; ja, sie lassen wohl auch zu diesem Zweck Feldherren und Admiräle in den absonderlichsten Uniformen malen. Es gibt Künstler, die fast ausschließlich solche phantastische Ahnen fabrizieren, Antiquitätenhändler, die mit diesen „Ahnen" ihre besten Geschäfte machen. Schämt sich der Parvenü seines bürgerlichen Namens und sucht er ein Adelsdiplom zu erlangen, so wird ihm solches von irgend einer Seite bereitwilligst verabreicht. Es ist für einen Grafen viel schwerer, Millionär, als für einen Millionär, in den Grafenstand erhoben zu werden. Die Würden bringen nicht zu Geld; das Geld aber bringt heutzutage zu allen Würden, bis auf die persönliche, an der freilich nicht viel liegt. Ein solch frischgebackener Graf hat mehr Stolz als ein Montmorency, und seine Nachkommenschaft sieht mit großer Verachtung auf die Roturiers.

Es gibt aber auch Parvenüs, die nach litterarischem oder künstlerischem Ruhme geizen. Es gibt Rentner, die sich als Maler, andere, die sich als Musiker, wiederum andere, die sich als Schriftsteller einen Namen erwerben wollen. Sie lassen sich ihr Farbengekleckse von einem befreundeten Maler, ihre Arien von einem Tonkünstler, ihre Verse mit den verwachsenen Füßen von einem Dichter ausbessern, und ihre Namen prangen dann in den Katalogen der Kunst=

ausstellungen, auf Konzertprogrammen und in Gedichtsammlungen. Ich kenne einen Millionär, der die Musen liebt, ohne von ihnen geliebt zu werden, und da sie bei ihm nicht freiwillig einkehren, so zieht er sie bei den Haaren herbei. Er ist nicht damit zufrieden, sein Klavier vom frühen Morgen bis spät am Abend so zu quälen, daß es vor Schmerz und Zorn ein Zetergeschrei erhebt und die Ohren der Nachbarschaft zerfleischt, er will auch als Opernkomponist mit Meyerbeer um die Palme ringen. Da nun kein Theaterdirektor sich dazu verstehen mag, die Werke des reichen Musenliebhabers in Szene zu setzen, so bezahlt dieser außer den beträchtlichen Kosten der Aufführung noch obendrein dem Direktor und der Claque eine bedeutende Summe und hat dann das Vergnügen, mit dem einfältigen Kinde seiner musikalischen Laune das Publikum einen oder zwei Tage gähnen zu machen.

Ich kenne einen andern, der an der Börse ein großes Vermögen erworben und jetzt in seiner Zurückgezogenheit durchaus als Gelehrter gelten will. Er gibt jungen Gelehrten große Diners, läßt sich von einigen derselben die Notizen sammeln, von den andern die einzelnen Kapitel ausarbeiten und schickt unter seinem Namen das zusammengestoppelte Buch in die Welt. Es fehlt dann auch nicht an Rezensenten, welche sich die Straßburger Gänseleberpasteten, die getrüffelten Feldhühner, den Château Lafitte und die Havannazigarren vortrefflich schmecken lassen und aus Dankbarkeit das Werk loben, das nicht seinen Meister lobt."

Bis zu welch wahnsinnigen Marotten sich die Reklame, die Großmannssucht einzelner versteigen kann, zeigt eine vor kurzem der „Frankfurter Zeitung" aus London zugegangene Notiz: „Mr. Bizdulph Smith, einer der reichsten Privatiers Londons, wandte sich vor einigen Monaten an Mme. Tissaud mit der Anfrage, was er ihr zu zahlen habe, wenn sie seine Person unter den andern Berühmtheiten ihres Wachsfiguren-Kabinetts aufstelle. Mme. Tissaud sagte, die Sache habe bedeutende Schwierigkeiten; ihre Sammlung enthalte Fürstlichkeiten, große Dichter, Künstler, Generäle, Räuber und Mörder, aber zu all diesen gehöre Mr. Smith nicht, und sie wisse nicht, wie der Führer ihn den Gästen präsentieren könne. Die Unterhandlungen zogen sich bedeutend in die Länge, vor einigen Tagen endlich kam Mr. Smith triumphierend ins Wachsfiguren-Kabinett und sagte der Inhaberin: „Heureka, lassen Sie meine Figur aufstellen, hier haben Sie einen Check auf fünftausend Pfund Sterling, und wenn die Besucher bei mir anlangen, sagen Sie: „„Hier ist die getreue Kopie eines Mannes, der ein Eintrittsgeld, das ein Vermögen beträgt, gezahlt, um in die wächserne Gesellschaft aufgenommen zu werden."" Natürlich acceptierte Mme. Tissaud, und an Mr. Smiths Ebenbild wird nun fleißig gearbeitet." —

Es gibt in Großstädten, wie Paris, London und New-York viele Familien, viele Häuser, in denen es an den sogenannten Empfangsabenden außerordentlich glänzend hergeht; allein das ist erborgter Glanz. Die Gemälde, die das Auge fesseln, sind vom Bilderhändler, die vergoldeten Sessel vom Möbelhändler, die Diamanten und Perlen, welche die Hausfrau um den Hals und in den Haaren trägt, vom Juwelier gemietet, und kaum daß der letzte Gast den Salon verlassen, müssen die kostbaren Gegenstände wieder ihren Eigentümern zugestellt werden. Selbst die Früchte, die riesigen Aepfel und Birnen, die in silbernen Vasen prangen, sind, wie die Vasen selbst, blos gemietet. Nicht selten wird auf solche Tafeln eine herrliche Lachsforelle gestellt und, nachdem sie einige Augenblicke die Bewunderung der Gäste erregt, entfernt, um, wie man sagt, zerlegt zu werden. Den Gästen werden dann kleine Stücke einer winzigen Lachsforelle serviert; von dem prächtigen Fisch aber ist, wie von Schillers Mädchen aus der Fremde, jede Spur verloren. Er war ebenfalls gemietet und ist nach seiner kurzen Gastrolle zu dem Delikatessenhändler zurückgewandert, um morgen vielleicht auf einer anderen Tafel zu paradieren. Und wie ist es mit den herrlichen, goldglänzenden Prachtwerken bestellt, welche dort zur Zerstreuung der Gäste auf den Tischen liegen? Nun, am Morgen sandte „die gnädige Frau" ein zierliches, parfümiertes Billet zu dem das Modejournal liefernden Buchhändler und bittet denselben, ihr doch einige der neuesten Prachtwerke „zur Auswahl" zu senden, da sie ein Geschenk zu machen habe. Die Prachtwerke liegen zur Ansicht aus, um aber gleichfalls am nächsten Tage sämtlich zurückzuwandern. Eine beigelegte Karte bedeutet den Buchhändler, daß sich „die Gnädige" bezüglich des Geschenkes „anders entschlossen habe."

Doch wer ist jener junge, hübsche, vornehm aussehende Mann, der mit seinen Geistesfunken die Gesellschaft den ganzen Abend hindurch so vortrefflich zu unterhalten weiß, der bald am Piano sich verdient zu machen versteht, bald dieser, bald jener Dame eine Schmeichelei, bald diesem, bald jenem Herrn eine Artigkeit zu sagen weiß? Er ist von der „gnädigen Frau" als „Graf Pallavachini" mit großer Ostentation vorgestellt worden, und doch, was würden die lieben Gäste sagen, wenn sie wüßten, daß auch dieser Graf ein für den Abend ermietetes Möbel ist, dessen Aufgabe es ist, den Leuten Sand in die Augen zu streuen, dadurch einflußreiche Gäste ins Haus zu ziehen, die Töchter an den Mann, die Söhne an die Frau oder in den Staatsdienst zu bringen? Der „liebe Graf" gehört zu jenen, in den großen Weltstädten nicht seltenen Leuten, die ein Geschäft aus ihren gesellschaftlichen Talenten machen, zu einer derartigen Kompagnie, die sich in New-York und London zuerst vor zirka fünf Jahren bildeten. Der Prospekt einer solchen Kompagnie lautet wie folgt:

„New-York, den 14. Januar 1887.

Familien, welche Gesellschaften, Bälle, Diners oder sonstige Unterhaltungen zu geben beabsichtigen, werden mit Vergnügen erfahren, daß Personen, welche zum Gelingen dieser Veranstaltungen wesentlich beizutragen befähigt sind, durch Vermittelung des „Globe-Büreaus" geladen werden können. Die betreffenden

Personen machen keinen Beruf daraus, sondern es sind Leute von feiner Bildung, von gesellschaftlicher Stellung und tadelloser Erscheinung. Ihre Haltung und Kleidung ist von vollkommener Eleganz. Sie sind fähig, sich unter die Gäste zu mischen, zu spielen, zu singen, in jeder Weise an der Konversation teilzunehmen, wenn nötig, amüsante Geschichten zu erzählen, Lieder vorzutragen, oder sonst irgend etwas zu thun, was dazu beitragen kann, den Abend in glatter und angenehmer Weise verlaufen zu lassen.

Das „Globe-Büreau" entspricht mit dieser geschäftlichen Organisierung der von ihm ausgeführten Vermittelung nur den beständig wachsenden Anforderungen, die an seine Unternehmer von einer großen und umfangreichen Klasse wohlhabender Bewohner New-Yorks gestellt werden. Die Mitwirkung der oben näher bezeichneten Personen kann für den Preis von fünfzehn Dollars pro Person für den Abend erlangt werden. Wir garantieren selbstverständlich die strikteste Ehrenhaftigkeit und Verläßlichkeit der von uns ausgeschickten Personen.

Die Verwaltung des Globe-Büreaus."

Sensationswüteriche, Sportshelden, Wettläufer,
Bergseke, Passionsschwimmer, Vielfraße, Hungerleider, Scheintote und Selbstmörder.

Von Ruhmsucht und Ehrgeiz geplagte Menschenkinder finden sich bei allen, auch den entlegensten Völkern. Schon das Altertum weiß von sensationsburstigen Narren zu erzählen, die, um sich einen Namen zu machen, auf die absonderlichsten Dinge verfielen. Der eitle Cyniker Peregrinus Proteus gab den schaulustigen Griechen das interessante Schauspiel einer Selbstverbrennung, der Reisende Buchner erzählt von einem Polynesier, der, nur um in das Renommee eines furchtbaren Menschen zu gelangen, seine eigene Frau lebendig briet und fraß.

Sicherlich höchst originell ist auch die Art und Weise, wie der Sohn eines Poncahäuptlings sich mit einem Schlage Ruf und Bedeutung errang.*)

Der alte Häuptling Schu-be-ga-cha, der seinen Sohn alt genug glaubte, um selbst eine Familie gründen zu können, stattete diesen zu solchem Zwecke vollständig aus, er errichtete ihm ein wohnliches Zelt, gab ihm 9 Pferde und viele andere wertvolle Dinge zum Geschenke. Diese Geschenke verwendete nun Hongs-kay-be, des Häuptlings Sohn, in folgender sicherlich höchst originellen und genialen Weise. Er beschloß, die einflußreichsten Männer des Stammes durch Blutbande sich zu verbinden und ihren Einfluß so für spätere Zeiten zu sichern. Zu diesem Zwecke begab er sich zunächst zu einem der ausgezeichnetsten Männer des Stammes, und vermochte denselben in seiner Stellung als Häuptlingssohn leicht zu bewegen, ihm die Hand seiner Tochter gegen eine Gabe von 2 Pferden, 1 Gewehr und einigen Pfunden Tabakes zuzusagen. An diesen Handel knüpfte Hongs-kay-be die einzige Bedingung, daß er das Mädchen an einem bestimmten Tage in Empfang nehmen werde, bis dahin aber jeder der beiden Teile über den abgeschlossenen Vertrag strengstes Schweigen bewahren solle. In ganz gleicher Weise schloß Hongs-kay-be im Geheimen Verträge mit noch drei anderen hervorragenden Männern, welche gleichfalls im Besitze junger und hübscher Töchter

---
*) Catlin, Illustrations etc. of the North american Indians. Letter 26.

heiratsfähigen Alters waren. Kein einziger der vier Väter wußte auch nur das Geringste von den Abmachungen, die der Häuptlingssohn außer mit ihm noch mit drei anderen Männern geschlossen, hatte sich ja doch ein jeder zu absolutem Schweigen verpflichtet und zwar bis zu dem Tage, den Hongs=kay=be als den seiner Heirat im ganzen Stamm bekannt gegeben hatte. Dieser Tag kam und sämtliche Bewohner des Dorfes standen neugierig versammelt, um endlich zu erfahren, wer von den Schönen der Poncas die Ehre haben werde, dem Häuptlingssohne als Weib in das Zelt desselben zu folgen.

Lange wurde die Geduld der Harrenden auf die Probe gestellt, da endlich nahte der Held des Tages, gefolgt von 4 seiner Freunde, deren ein jeder zwei Pferde am Halfter führte. In der Mitte des Lagers angekommen, wo alle Stammesgenossen versammelt standen, ergriff Hongs=kay=be mit der einen Hand die Zügel der beiden Vorderpferde, nahm in die andere Hand die weiteren Geschenke, schritt auf den ersten seiner Schwiegerväter zu und sagte, auf die neben ihm stehende Tochter deutend: „Du versprachst mir die Hand Deiner Tochter auf diesen Tag, wofür Du zwei Pferde als Gegengeschenk erhalten solltest". Der Angeredete bekräftigte dies mit einem lauten „ugh!", nahm die Geschenke in Empfang und lieferte dagegen seine Tochter aus. Große Verwirrung seitens der drei anderen Väter, die gleichfalls mit ihren Töchtern erschienen waren und nunmehr über die anscheinende plötzliche Gesinnungsänderung des Häuptlingssohnes bitter enttäuscht waren und in höchster Aufregung eine Erklärung verlangten. Hongs=kay=be aber, sobald er ihre Bestürzung und Aufregung einigermaßen beschwichtigt hatte, redete die Männer also an: „Ihr habt Euch hier öffentlich zu den Verträgen bekannt, die Ihr mit mir geschlossen habt, und ich erwarte, daß Ihr dieselben halten werdet. Ich bin hier, alle meinerseits gemachten Versprechungen ganz zu erfüllen, von Euch erwarte ich dasselbe."

Nichts weiter wurde gesprochen. Jedem einzelnen der Männer führte Hongs=kay=be die bestimmten Pferde vor, überlieferte dieselben nebst den anderen Geschenken und nahm dagegen die Mädchen in Empfang, faßte je zwei mit jeder Hand und schritt so seinem Zelte zu, um das neue Leben zu beginnen. Durch diesen sensationellen und kühnen Akt steigerte der junge Häuptlingssohn sein Ansehen in den Augen des Volkes ganz ungeheuer, er legte durch denselben die Grundlage zu der Bedeutung seines späteren Lebens.

Catlin konstatiert übrigens, daß er sich gelegentlich mehrerer Besuche im Zelte Hong=kay=be's von der augenscheinlichen Harmonie der Vermählten überzeugt habe, alle fünf Personen schienen die Pflichten, die Leiden und Freuden des ehelichen Lebens in glücklichster Eintracht zu teilen. —

Es gibt auch eine Klasse von Menschen, die es vorziehen, Früchte zu ernten, die sie nicht gesäet haben, die es lieben, sich mit falschen Federn zu schmücken. Zu dieser Klasse zählen die Renommisten, die Jägerlatein=Erzähler, die sich ein Ansehen geben möchten, indem sie in überschwenglichster Weise ihren Mitmenschen allerlei Anekdoten aufbinden, dieselben als Episoden aus ihrem eigenen Leben hinstellen, obwohl sie in Wirklichkeit niemals derartige Erlebnisse bestanden haben.

Karl Immermann hat uns eine klassische Figur eines solchen Renommisten

Ein Abenteuer des Freiherrn von Münchhausen.
(Nach einer Originalzeichnung von Schröter.)

in seinem „Münchhausen" gegeben, dessen angebliche Abenteuer an Kühnheit der Erfindung bekanntlich alles überbieten.

Daß es dem berühmten Freiherrn ähnliche Personen noch heute in Menge gibt, ist allbekannt. Nicht immer aber gelingt ihre Entlarvung in so drastischer

Weise, wie dies einmal einem neuen Münchhausen von seiten des Alexander v. Humbolbt passierte und welche in dem Briefwechsel dieses großen Forschers mit H. Berghaus also geschildert wird:

„War Humboldt mit dem Könige in Potsdam, so pflegte er bei gutem Wetter Spaziergänge in der Umgebung der Stadt zu machen und namentlich eine Anhöhe zu besuchen, von der aus man eine Uebersicht der Landschaft und besonders der Havel-Seen hat. Eines Tages saß er auf einer Ruhebank auf dieser Anhöhe (Brauhausberg genannt), als ein junger Mann ihn flüchtig grüßte und sich neben ihn setzte. Humbolbt sprach gegen den Unbekannten von der schönen Aussicht.

„Ja, die Aussicht ist ganz niedlich, sogar hübsch, aber was ist sie gegen die Aussichten in der Schweiz und nun gar gegen die vom Chimborazo! Dagegen ist sie gar nichts!"

Humbolbt glaubte nach dieser Rede einen ihm noch unbekannten Reisenden vor sich zu sehen, der vielleicht nach Potsdam gekommen sei, ihn aufzusuchen; er fragte also:

„Sie waren in Amerika und auf dem Chimborazo? Ich glaubte bisher, es wären nur zwei Versuche gemacht worden, den Chimborazo zu ersteigen, einmal von Humboldt mit Bonpland und Montufar, dann dreißig Jahre später von Boussinggault und Gale. Sie haben also auch den Versuch gemacht?"

„Ich habe nicht nur den Versuch gemacht, sondern bin auf die Spitze hinaufgekommen. Meine Gefährten mußten ein paar tausend Fuß tiefer zurückbleiben".

„Darf ich fragen, wer Ihre Begleiter bei diesem gefährlichen Unternehmen waren?"

„So arg sind die Gefährlichkeiten nicht, als sie den Leuten vorgeredet werden".

„Einige Bergreisen habe ich auch und dabei die Erfahrung gemacht, daß außer anderen Gefahren die persönlichen Leiden in den höhern Luftschichten doch nicht so ganz unbedeutend sind."

„Viel Wind dabei, auf Ehre! Nur Kourage gehört dazu. Die habe ich; meinen Begleitern ging sie aus, und darum mußten sie zurückbleiben."

„Darf ich meine Frage nach den Namen Ihrer Gefährten wiederholen?"

„Sie haben sie vorhin selbst genannt. Der Humbolbt hatte noch die meiste Kourage, er wollte mir nach, aber die Kräfte reichten bei ihm nicht aus. Der Franzose wollte bei jedem Schritte umkehren."

„Sie scheinen wenig über 30 Jahre alt zu sein", sagte Humbolbt lächelnd; „Humbolbt machte seinen Versuch 1802, und jetzt haben wir 1835. Wie reimt sich das zusammen?"

„Bitte um Vergebung. Sie verwechseln die Zahlen. Nicht 1802, sondern 1820 war ich mit dem Humbolbt auf dem Chimborazo. Damals war ich 20 Jahre alt."

„Ich habe immer gehört, daß mit Humboldt nur zwei Personen waren."

„Sie irren sich, auf Ehre. Da ich selbst dabei gewesen bin, muß ich es doch besser wissen. Wenn Humboldt mich in seinen Schriften nicht erwähnt, so ist dies aus Neid geschehen, weil ich auf dem Gipfel des Chimborazo war und er nicht nachkommen konnte. Er war seitdem übler Laune und ließ sie oft an mir aus. Ich habe ihm mehrmals meine Meinung darüber derb gesagt. Da kam es einmal zu einem Wortwechsel; ich trennte mich von ihm und kehrte allein nach Europa zurück."

Jetzt wurde Humboldt ernst und antwortete:

„Ich höre gern Münchhausensche Geschichten, wenn sie gut erfunden sind, die Ihrige ist aber schlecht erfunden und dichtet überdies den häßlichen Neid einem Manne an, der sich bewußt ist, von demselben immer frei gewesen zu sein."

„Kennen Sie denn den Humboldt?"

„Ich bin es selbst."

Sobald Humboldt dies gesagt hatte, sprang der Fremde von der Bank auf und verschwand im nächsten Gebüsch. Es war ein Herr von Sch..f, der später Landrat in Friedeberg in der Neumark wurde. —

Zu keiner Zeit ist die persönliche Reklame aber höher ausgebildet gewesen, als in unseren Tagen. Der Kampf ums Dasein wird immer schwerer, immer rücksichtsloser, die Konkurrenz heftiger, die Jagd nach dem Glück fieberhafter. Jeder sucht nach neuen Mitteln, um aus der Masse sich herauszuheben, die Augen der Menge auf sich zu ziehen und die Gunst des Augenblickes zu nützen soweit es möglich ist. So ist unsere Zeit die Zeit der Spezialitäten geworden, jeder sucht seine besondere Begabung, jede körperliche oder geistige Veranlagung mit Fleiß zu pflegen und zu einer Quelle des Gewinnes oder des Ruhmes zu machen.

Von der Großmannssucht wird namentlich die Sportswelt stark geplagt. Die Gier nach dem Ruhme, ein unermüdlicher Dauerläufer, ein ausgezeichneter Reiter, Schwimmer, Boxer oder Ruderer zu sein, die größte Entfernung auf dem Velociped zurückgelegt, auf den höchsten Gipfeln der Erde gestanden zu haben, oder in die tiefsten Bergwerke und Höhlen gekrochen zu sein, läßt gar viele nicht zur Ruhe kommen, treibt gar viele Menschenleben dem Verderben entgegen. Kaum ein Jahr vergeht, wo nicht die Chronik die verschiedensten Unglücksfälle zu verzeichnen hätte, daß da oder dort eine Anzahl „Bergfexe" bei dem Versuche, einen noch jungfräulichen Schneegipfel zu ersteigen, elendiglich zu Grunde gingen, da oder dort ein wahnsinniger Reiter das Genick gebrochen hätte, oder ein passionierter Schwimmer ertrunken sei. Der unsterbliche Kieselack, der seinen Namen allüberall anpinselte, der tollkühne Graf Sándor, der die verwegensten Reiterstückchen ausführte und manche andere ähnlichen Vorbilder liegen der sportslustigen Menschheit einmal zu sehr im Blute.

Einer der bekanntesten Sportsmen, die auf abenteuerlichen Wegen zum Ruhme kamen, ist der Schwimmer Kapit. Paul Boyton, der Erfinder des weltbekannten Gummi-Schwimmanzuges. Um die Vorzüge dieser seiner Erfindung, die für den Lebensrettungsdienst gewiß von unbestreitbarem Werte ist, in das rechte Licht zu setzen, die erforderliche Reklame zu machen, bestieg der Kühne am 10. Oktober 1874 den von New-York nach Europa bestimmten Dampfer „Queen", in der Absicht, 250 englische Meilen von der amerikanischen Küste entfernt in See zu springen und schwimmend wieder das Land zu erreichen. Die Ausführung dieses Vorhabens ward aber von den Seeoffizieren verhindert, da sie dasselbe als einem Selbstmorde gleichbedeutend ansehen zu müssen glaubten. Wider Willen mußte sich Boyton so zur unfreiwilligen Reise nach Europa entschließen; daß er aber

Visitenkarte meines Freundes Kapitän Paul Boyton.

seinen Entschluß keineswegs aufgegeben, bewies er dadurch, daß er in der Nacht des 21. Oktober, als das Schiff der irischen Küste nahe kam, in See sprang, um schwimmend das Land zu erreichen. Eine halbe Stunde nach dieser That erhob sich ein furchtbarer Sturm, durch welchen die britische Handelsflotte allein 56 Schiffe verlor. Diesen schweren Sturm hatte Boyton zu bestehen, und erst nach neunstündiger herkulischer Arbeit konnte er seinen Fuß auf die felsige Küste Irlands setzen. Diese unerhörte That, welche die ganze zivilisierte Welt in Erstaunen versetzte, war Kapitän Boytons Einführung in Europa. Nunmehr begann Boyton eine Reihe der abenteuerlichsten Fahrten in Europa und Amerika auszuführen, er schwamm in seinem Anzuge den Rhein, die Donau, den Po, den Arno, den Tiber, die Rhône, die Loire, den Tajo, den Guadalquivir, die Seine und andere Ströme hinab, er kreuzte den englischen Kanal, die Bai von Dublin, die Bai von Neapel, die Straßen von Messina und Gibraltar u. s. w. Seine berühmtesten Schwimmfahrten sind die beiden auf dem Mississippi, von welchen die erste achtzig Tage, die zweite einen Monat währte, während welcher die Strecke von 1200 englischen Meilen zurückgelegt wurde. Verfasser Dieses, welcher den wackeren Kapitän während dieser Fahrt in einem kleinen Ruderboote begleitete, kann die unerhörte Ausdauer und Widerstands= fähigkeit des kühnen Schwim= mers nicht genug rühmen. Höchst originell erschien mir, wie Boyton neben der Reklame für seinen Schwimmanzug auch noch zugleich für das Patent= mittel St. Jacobs=Oel Reklame zu machen verstand. Verfasser hegt daher den stillen Verdacht, daß Boyton von dem Fabri= kanten dieses Oeles engagiert war, um während seiner Fahrt die Vorzüge des St. Jacobs= Oeles bekannt zu geben. All= abendlich nämlich, nachdem wir in einer Stadt oder Ansiedlung Quartier gefunden hatten, salbte sich Boyton mit diesem äußerst stark buftenden angeblichen Rheumatismus=Vertreiber so ein, daß der Geruch durch die geöffneten Fenster sich über die ganze Nachbarschaft ver= breitete. Den Reportern, die scharenweise herbeieilten, um den berühmten Schwimmer zu "interviewen", machte Boyton stets plausibel, daß er ohne dieses "great german remedy" längst starr und steif geworden sein würde, welche Aussage

Durch die Schnellen des Niagara.
(Nach einer amerikanischen Vorlage.)

natürlich in den ellenlangen Zeitungs=Berichten über Boyton stereotyp figurierte. Jedenfalls machte der Fabrikant des "St. Jacobs=Oeles" mit dieser schwimmenden Reklame brillante Geschäfte.

Ein gefährlicher Nebenbuhler Boytons war Kapitän Webb, gleichfalls ein Schwimmheld erster Sorte, dessen Sensationswut ihn bekanntlich zu dem wahnsinnigen Versuche trieb, die furchtbaren Stromschnellen des Niagara zu durchschwimmen. Daß Webb in diesem Unternehmen, mit welchem er den Gipfel des Ruhmes zu erreichen gedachte, sein Leben verlor, ist ja bekannt. — Den Angloamerikanern liegt aber die Sensationswut im Blute, und was Webb nicht durchzuführen vermochte, das suchten nun andere zu erreichen. Mehrfach wurden seit Webbs Tode Versuche gemacht, die berühmten Strudel zu durchschwimmen, einer der originellsten Versuche ist der, welcher am 28. November 1886 ausgeführt wurde. An genanntem Tage fuhren zwei sensationswütige Narren, Georg Hazelett und Fräulein Allen aus Buffalo in einem eigens dazu gebauten Fasse durch die Stromschnellen des Niagara. Als sie dieselben erreichten, faßten die Wogen das eigentümliche Gefährt und drehten es einige Minuten lang in exzentrischer Weise rund herum, bis es plötzlich gerade aus den Fluß hinab gegen Lewistown schoß. Nach einer Fahrt von ungefähr 200 Yards packten die Wellen das Faß und trieben es bis hart an das kanadische Ufer, wo der Strom es wieder packte und in der Richtung nach den Stromschnellen zurücktrieb. So ging es mit dem Auf- und Abtreiben 45 Minuten, wobei das Faß bald in dem Mittelpunkt der Stromschnellen, bald wieder hart an dem Ufer war. In einem der letzteren Momente wurde dem Hazelett ein Strick zugeworfen, das Faß ans Ufer gezogen, und die Insassen gelandet.

Sie waren im ganzen 1 Stunde und 15 Minuten im Faß. Frl. Allen hatte, als sie dasselbe verließ, mehrere Erbrechensanfälle, erholte sich aber bald und wurde von ihren Freunden, die sich vor Freude nicht zu halten wußten, förmlich erdrückt. —

Nicht gering ist auch die Zahl derjenigen, die durch körperliche Leistungen nach eitlem Ruhme geizen. Einige glauben denselben durch kolossale Kraftproduktionen zu erlangen, indem sie Hufeisen zerbrechen, Thaler zusammenrollen, Tische mit den Zähnen aufheben, auf einem auf die Brust gestellten Amboß herumhämmern lassen oder mit einem Kanonenrohr spazieren gehen.

Andere glauben wahre Haupthähne zu sein, wenn sie sich durch erstaunliche Leistungen im Essen oder Trinken zum Vielfraß oder Säufer begralieren. Es sind thatsächliche Vorkommnisse, daß derartige Hansnarren auf einen Sitz bis 100 zu einem Omelette zusammengebackene Eier, ein halbes oder ganzes Kalb, oder ein Schock faustdicker Leberknödel verschlungen und das Ganze mit einem Kurierstiefel voll Wein hinabgespült haben. Ereignete sich doch sogar ein Fall, wo ein Bauer wirklich und wahrhaftig sich vermaß, auf einmal einen ganzen Zentner Heu, sowie ein halbes Schock Eier zu fressen. Die Ungläubigen, die dieserhalb eine Wette eingingen, verloren dieselbe, indem das pfiffige Bäuerlein die anscheinend übermenschliche Aufgabe leicht und spielend löste, indem er den Zentner Heu zu Asche verbrannte, die Asche mit den Eiern zu einem soliden Pfannekuchen zusammenbacken ließ und diesen mit einigen Gläsern Bieres ganz gemächlich hinunterspülte.

Von allen Todfeinden der Menschheit hielt man bisher den Hunger für den stärksten und unversöhnlichsten. Das Wort Hungerleider hat eine Beigabe grausamen Spottes. Hunger thut weh, sagt das Sprichwort, und außer den Propheten und Heiligen, die ihrerzeit glaubten, zum Heile der Menschheit Wunder wirken zu müssen, hat in früheren Jahrhunderten wohl niemand freiwillig gehungert. In neuerer Zeit hat dagegen die Sensationswut, die Sucht, von sich reden zu machen, mehrfach einzelne Leute bewogen, das Hungerleiden als Mittel zum Zwecke zu gebrauchen und sich als professionelle Hungerleider eine Art von Berühmtheit zu erwerben.

Der erste, welcher durch derartige Hungerproben sich einen Namen erwarb, war der amerikanische Dr. Tanner, welcher im Jahre 1880 eine vierzigtägige Fastenzeit absolvierte. Nach seinem erfolgreichen Vorgange erhielt er im Jahre 1886 zwei Nachfolger, die Italiener Merlatti und Succi, beide wohnhaft in Paris. Succi, ein Forschungsreisender, hatte schon in Mailand dreißig Tage unter erstaunlichen Umständen gefastet. Nicht als Kuriosum, als ein Mann der Wissenschaft, wollte er gelten. Schon wegen seiner Vergangenheit. Nachdem seines Vaters Barke, auf welcher er die Adria und das Mittelmeer durchkreuzte, eines stürmischen Tages gescheitert war, versuchte Succi sich als Forschungsreisender in Afrika. Aus den fernen Gegenden schickte er der italienischen Regierung Vorschläge über die Errichtung von Faktoreien und Begründung von Hafenstationen. Auf einer Reise in Afrika überfiel ihn ein hitziges Fieber. Von dieser Zeit stammt sein Hungerglück. Während der Krankheit und der Rekonvaleszenz aß er nämlich fast gar nicht und trank bloß einen Likör, über dessen Wesen er Geheimnis bewahrt. Nach Italien zurückgekehrt, stellte er sich in Rom mehreren Aerzten mit der Behauptung vor, er brauche dreißig Tage nicht zu essen, sobald er seinen Likör getrunken habe. Die Aerzte sahen einander augenzwinkernd an, dann sagten sie zu allem gemütvoll ja und sperrten Succi ins Narrenhaus. So lange er nun hier schwor, er sei kerngesund, wurde ihm geantwortet: „So sprechen alle Kranken, die hereinkommen", und er wurde festgehalten. Als er aber schlauerweise zu rufen begann: „War ich denn verrückt, daß ich behauptete, man könne dreißig Tage ohne Nahrung leben?" — da betrachtete man ihn als geheilt und ließ ihn frei. Schnurstracks eilte er nach Mailand. Da fand er einen Gönner, Freund von originellen Menschen, und dieser Gönner half ihm ein Ueberwachungs-Komitee formieren, vor welchem Succi in aller Fröhlichkeit dreißig Tage und dreißig Nächte hungerte.

Mit diesem Renommee ausgerüstet und umgeben von einem wissenschaftlichen und einem finanziellen Generalstabe, kam nun Succi nach Paris. Dennoch ging es nicht gleich nach Wunsch. Vor allem verstutzte die Pariser Aerzte das Geheimnis des Likörs. Und da Succi seinen Likör der Analyse nicht übergeben wollte, was hatte das Hungern noch für einen Zweck? Schließlich wurde aber doch ein Ueberwachungs-Komitee gebildet, und Succi konnte seinem Ideal nachgehen, wie sich Dr. Borghini so schmeichelhaft für den Hunger ausdrückte. Auch harte Bedingungen stellte sich der Hungerleider. Er wollte sich abmagern; jeden Tag entweder fechten, oder reiten, oder schwimmen, oder einen Dauerlauf machen, nur filtriertes Wasser und alkalische Gewässer nehmen; am Ende des Fastens dieselbe Kraft und Aufgeräumtheit zeigen wie zu Beginn, nicht zusammengebrochen daliegen. Es müsse ihm blos gestattet sein, ein Fläschchen seines Likörs am Beginne der Fastenzeit zu trinken und am Ende die Hälfte

Der Hungerleiber Succi Besucher empfangend.
(Nach einem Holzschnitte der „London news".)

der Flüssigkeit aus einem andern Fläschchen, das versiegelt dem Uebernehmenden zur Aufbewahrung übergeben bleibt. Diese zweite Flüssigkeit wolle er der chemischen Analyse ausliefern.

Succi begann sein „Hungern" am 29. November 1886, geriet aber mit seinem Impresario aneinander, indem dieser ihm nicht den ausbedungenen Hungerlohn — der diesmal buchstäblich zu nehmen ist — auszahlen wollte. Ehe Succi ihn gerichtlich dazu zwingen konnte, war der Impresario über alle Berge.

Merlatti, der dritte Hungerleiber, ein Herr in den zwanziger Jahren, ist eigentlich nicht Hungerer, sondern Maler von Beruf. Früher war das fast das Gleiche. Heute ist es anders geworden, wenigstens in Paris. Merlatti gehörte in Beziehung auf sein Dasein zur alten Schule. Windschiefe Treppe. Dunkler Korridor. Kleines Zimmerchen unter dem Dache; die Wände mit eigenen Schöpfungen geziert. Madonnen! Die tragen heutzutage gar nichts mehr. Selbst den Ofen heizen, selbst Kaffee machen, sein eigener Herr, aber auch sein eigener Diener sein. Vielleicht ging Merlatti's Kunst nach Brot, leider fand sie keines. Der Hunger war sein Hausfreund geworden, der einzige, der ihn häufig besuchte und ihm, länger als ihm lieb sein konnte, treu blieb. So gewöhnte er sich an den schlimmen Gast mit den eingefallenen Zügen. Als Merlatti hörte, daß in Mailand einer seiner Landsleute berühmt geworden, weil er dreißig Tage ohne Nahrung blieb, da regte sich auch in ihm der — Ehrgeiz. Nicht dreißig Tage, fünfzig Tage wollte er fasten. Einem Doktor, der in einer Pariser Zeitung Zweifel darüber aussprach, daß jemand dreißig Tage ohne Speise bleiben könne, bot Merlatti die Hungerprobe an. Mit einer statt= lichen Menge von Gesten und Posen und in einem den italienischen Accent tragenden Französisch beteuerte Merlatti lebhaft: „Warum sagen Sie, daß man keine dreißig Tage fasten könne? Ich faste fünfzig Tage. Ich faste nicht zum erstenmale lange Zeit. Versuchen Sie es doch mit mir." Anfangs besah der Doktor seinen Gast mit begreiflichem Mißtrauen, schließlich, da der junge Mann nicht aufhörte zu gestikulieren, zu drängen und zu bitten, beschloß er, in Ge= meinschaft mit mehreren ärztlichen Kollegen ein Ueberwachungs=Komitee zu bilden und im Namen der Wissenschaft den Italiener seine Fastenlust befriedigen zu lassen. Niemand war darüber glücklicher als der arme Maler. Mit wahrer Leidenschaft unterwarf er sich allen Bedingungen: Sich Tag und Nacht bewachen zu lassen, sich jeder Prüfung und jedem Experiment seitens der Aerzte zu unter= ziehen. Sein Entschluß war um so bemerkenswerter, als er sich davon keinerlei Geldgewinn versprechen konnte. Die Aerzte lehnten ab, daß daraus ein Geschäft gemacht werde. Es ist denn doch anders gekommen.

In einem großen Saale des „Grand Hotel" war der Hungerheld ein= quartiert worden. Ein eleganter, dunkler Anzug ward ihm angemessen. In Lackschuhen schritt er umher. Die schwarzen Haare strich er kokett in die Stirne hinein. Das Gelaß wurde genau untersucht, ob nicht irgendwo Nahrungsmittel verborgen wären. Im Vorzimmer oder bei ihm selbst hielt sich Tag und Nacht ein Vertrauensmann der Aerzte als Wächter auf. Die Aerzte selbst kamen und gingen. Sie wogen den Hungerleider, prüften sein Auge, besichtigten seinen Körper und schrieben ihre Beobachtungen in ein Buch. Auf dem Tische vor Merlatti stand ein großer Pokal mit filtriertem Wasser und lagen mehrere In= strumente, wie Lungen= und Kraftmesser, umher. Dies war die ganze Insze= nierung. Der Junge war gar nicht zu bändigen. Am sechsten Tage war ihm hart zu Mute. Schmerzen durchwühlten alle seine Glieder, daß er laut schrie. Die Aerzte setzten ein Protokoll auf, wonach Merlatti nur auf eigene Rechnung und Gefahr weiter fasten dürfe. Das war ihm aber einerlei. Er kenne sich, entgegnete er, das habe er auch früher um den sechsten Tag herum gelitten. Merlatti wurde, je größer die Zahl der Fasttage, desto ruhiger. Bloß daß er häufig schlief und dabei von bösen Träumen gequält war. Bei Tage sprach er von seiner Zukunft, ganz vernünftig, und empfing seine Freunde. Jeden Abend gegen 7 Uhr ging er zwei Stunden spazieren. Immer in Gemeinschaft von zwei Aerzten. Wer ihn so auf den Boulevards schlendern sah, das Gesicht von der frischen Luft gerötet, die Augen glänzend, von allem angeregt, von unstillbarer Mitteilsamkeit und gutmütiger Vertrauensseligkeit, würde sicherlich nicht vermutet haben, daß dieses putzige Männchen schon so viele Tage nichts gegessen, bloß täglich einige Zigarren geraucht und drei Liter filtrierten Wassers getrunken habe.

Das Pariser Publikum verhielt sich ihm gegenüber anfangs ziemlich skeptisch. Vor allem an einen so lange hungernden Menschen bloß zu denken, machte schon einen unbehaglichen Eindruck. Am liebsten wollte man davon gar nicht sprechen. Dann ließen es sich nicht wenige Leute keineswegs nehmen, daß hier ein Einverständnis herrsche und daß der Hungerer eigentlich die gläubigen Pariser zum Besten halte. Sie dachten nicht daran, daß alles, alles chemisch untersucht werde. Hätte Merlatti Nährendes gegessen oder getrunken, würde der Chemiker den Betrug sofort entdeckt haben. So sah man denn die erste Zeit im Hungerzimmer bloß ärztliche Berühmtheiten, wie Germain See, wie den alten Dr. Ricord, dessen Jugendjahre in eine unwahrscheinlich gewordene Zeit zurückfallen, und Journalisten. Später aber begann man an das Experiment zu glauben, und täglich wuchs das Interesse für den jungen Mann, dessen Wille so viele Leiden besiegte. Nach und nach wuchs der Strom der Besucher. Nicht ohne heimliches Grauen, auf den Zehen, wie in ein Totenzimmer traten sie ein. Ein Schreckgespenst mit hohlen Augen, eingefallenen Wangen, ein wandelndes Skelet fürchteten sie zu sehen. Wie waren sie aber durch Merlatti angenehm überrascht! Der saß am zwanzigsten Tage noch gar nicht schlimm aus. Mager war er schon. Die Kleider schienen ihm zu weit. Aber er war noch munter, sprach viel und philosophierte häufig: „Sehen Sie, wie das Leben ist. So lange ich hungerte weil ich mußte, floh mich alle Welt. Jetzt, da ich hungere weil ich will, bekomme ich Besuch auf Besuch."

Diesen Besuchern verkaufte Merlatti Photographien und Autographen; er nahm von ihnen Blumen und Geschenke, später auch Entree in Empfang; ein Pariser Korrespondent berichtet sogar, daß Merlatti während seiner Fastenzeit von der Frauenwelt bewundert, ja fast belagert wurde und zahlreiche duftende Briefe von Damenhand erhalten habe. Ob Merlatti so interessant ist, wie diese Damen schwören würden, mag dahingestellt bleiben. Daß er aber über die Maßen schlau und berechnend war, indem er hoffte, die 50 Hungertage würden ihm ein reiches Jahr 1887 herbeiführen helfen, das kann heute niemand mehr bezweifeln.

Merlatti beendete seine fünfzigtägige Fastenzeit am 15. Dezember 1886, ganz außerordentlich geschwächt, doch immer noch fähig, am Abende des folgenden Tages einem ihm zu Ehren veranstalteten Bankett beizuwohnen und daselbst einen Toast auf — die französische Presse auszubringen, wahrscheinlich zum Danke, daß sie es war, die ihn auf dem Pfade der Berühmtheit so eifrig unterstützte. —

Die Lorbeeren dieser Hungerleider lassen, nach dem alten Sprichwort: „Ein Narr macht viele", eine ganze Anzahl von Menschen nicht zur Ruhe kommen. In allen Weltgegenden melden sich jetzt Hungerer, seltsamerweise darunter aber bis jetzt kein einziger Dichter oder Dorfschulmeister. In Belgien hungert jetzt ein Herr Simon, der sich nur ausdrücklich verbittet, daß in seiner Gegenwart gegessen und getrunken werde. In London fastet ein Franzose, Namens Jacques, daß es eine Lust ist. Und neuerdings hat sich ein Italiener, Alberto Montango, erboten, die Fastenzeit auf volle sechs Monate auszudehnen, im Falle er sich während dieser Zeit wie Succi, eines besonderen, aus einer südamerikanischen Pflanze bereiteten Likörs bedienen dürfe. Montango erzählte in italienischen Blättern, daß er Dank dieses von ihm erfundenen Likörs vom 4. März bis Ende September 1886, ohne etwas zu essen, habe bleiben können.

Es müßte eine wahre Freude sein, solche Menschen in Pension zu nehmen, 50—80 Prozent Gewinn wären dem Unternehmer sicher.

Noch unendlich viel größeres als diese Hungerleider erreichen einzelne Anhänger der Jogin-Philosophie in Indien, die sich unter anderem auch darauf verlegen, eine Art Diät und Körpererhaltungsweise auszusinnen und in Anwendung zu bringen, wodurch die psychischen Kräfte des Menschen erhöht und die Befriedigung leiblicher Bedürfnisse allmählich fast völlig erstickt werden soll.*)

Ein englischer Wundarzt, N. C. Paul, hat im Jahre 1851 seine nach diesen Richtungen gemachten Studien und Erfahrungen unter dem Titel „A treatise on the Yogi-Philosophy" in Benares erscheinen lassen. Wir erfahren daraus, daß die Jogins sich durch eine Reihenfolge künstlicher Vorbereitungen, wie Abschließen von der Außenwelt, äußerste Ruhe, Abhaltung jeder Störung, dann durch Luftmangel, Herstellung und Erhaltung einer bestimmten Temperatur, ferner durch Beschränkung auf den Genuß vegetabilischer und leichtverdaulicher Nahrungsstoffe, allmählich in einen Zustand zu bringen vermögen, in welchem jede Sinnes- und Willensthätigkeit unterbrochen, der Körper sich in jede Stellung und Lage fügen zu lernen und der Geist in Schlaf versunken zu sein scheint. Zuletzt kann ein solcher Asket sogar die Luft und Nahrung vollständig entbehren.

Paul berichtet ferner, daß er während 25 Jahren in mehreren, darunter in drei feststehenden sicheren Fällen, von der sogenannten „Hibernation" Kenntnis

---

*) Otto, Wunderglaube und Wirklichkeit, S. 184.

erlangt habe. Zwei dieser Fälle, bei welchen sich die Jogins wochen- und monatelang lebendig begraben ließen, sind durch Zeugnisse englischer Regierungsbehörden beglaubigt, den dritten Fall beobachtete Paul als Augenzeuge selbst. Der Bericht, welchen wir nachstehend folgen lassen, gründet sich auf die Aussagen zweier europäischer Aerzte, des Oesterreichers Dr. Honigberger, der längere Zeit Leibarzt des Maharabschah Runschit Singh von Lahore war, und des Engländers James Braid. Beide hatten schon früher manche jener Fanatiker und Wunderthäter in ihrem Treiben beobachtet und waren nun begierig, das Wiederaufleben eines solchen Schwärmers, den man lebendig begraben, mit anzusehen.

Von diesen Jogins werden in Indien steif und fest die seltsamsten Dinge geglaubt; so wird behauptet, daß sie ein wirkliches Methusalemalter im Zustande des Lebendigbegrabenseins zu erzielen vermöchten.

Der erwähnte Dr. Honigberger erzählt eingehender jenen außerordentlichen Fall, in welchem ein Fakir, Namens Haribas, unter Aufsicht des obersten Ministers des Maharabschah Runschit Singh wiederholt, und einmal vier Monate lang, sich habe in einer Grabhöhle einsargen lassen. Bei der Wiederausgrabung sei auf dem glatt rasiert gewesenen Gesicht des Fakirs keine Spur eines neuen Bartwuchses zu entdecken, alles Wachstum also monatelang unterbrochen gewesen. —

Der genannte Maharabscha habe darauf diesen Fakir nochmals in ein ausgemauertes Grab legen, dieses mit Steinplatten, das Ganze mit Erde hoch bedecken und dann die Erdschichte feststampfen lassen; hierauf habe man eine obere lockere Erdmasse darauf gebracht und Gerste in dieselbe gesäet, so daß ein grüner Pflanzenwuchs auf der Grabstätte entstanden sei. Tag und Nacht seien Wachen am Grabe postiert gewesen und — nach Monaten habe man den Fakir lebend wieder ausgegraben! —

Es gibt nach unserem Gewährsmanne und anderen Zeugen in Indien Fakire, welche das Lebendigbegrabenwerden gewissermaßen professionsweise betreiben. Freilich bedürfe es zur Vorbereitung des Körpers für den Zustand der Lethargie oder „Anabiosis", wie der Physiolog Preyer in Jena diesen Zustand nennt, umfassender, geradezu grauenerregender Vorbereitungen, einer Ausmerzung aller gewöhnlichen menschlichen Bedürfnisse, einer Fleischabtötung, wie sie nur Verzückte oder Verrückte — zu denen freilich meist die religiösen Fanatiker gehören — ausüben können und mögen.

Es gehört schon etwas dazu, 12,000 Mal an einem Tage das heilige Wort Om (Gott) vor sich hinzuflüstern, wozu dann später die sechstausendfache Wiederholung anderer ähnlicher tiefsinniger Wörter kommt. Weiterhin hat der Jogin sich zu üben, auf dem Kopfe zu stehen, den Körper an die schmerzlichsten Verrenkungen, Zusammenziehungen und Ausdehnungen zu gewöhnen, Hände, Füße und Kopf in eine an das Unfaßbare grenzende Verknäuelung zu bringen, und dabei immerfort jene mystischen Wörter zu wiederholen. Hierauf folgen die Uebungen des Einhaltens des Atems und des Verschluckens oder Hineintreibens der Luft in den Magen. Auch die Fähigkeit, so rasch zu atmen, daß der Schweiß ausbricht, wird jahrelang mit größter Regelmäßigkeit ausgebildet. Dabei ist leichte Nahrung, aus Reis und Milch, Hafer und Weizenmehl bestehend, Enthaltung von Gewürzen, Wein, Zwiebeln, Oel, Säuren u. s. w., langsame Bewegung bis zur Regungslosigkeit, Schweigsamkeit und Enthaltsamkeit, sowie moralisch reiner Wandel geboten. Um das Einzwängen der Zunge zur Verstopfung des Schlundes und nachher das Auspumpen des Magens zu bewerkstelligen, müssen vor allem in das Zungenbändchen 21 Einschnitte gemacht werden, und zwar je einer in dem Zwischenraum einer Woche; um den Magen zu reinigen, gewöhnen sich die Jogins daran, 3 Zoll breite und 15 Ellen lange, mit Wasser angefeuchtete Bänder hinunterzuwürgen; sie erlangen nach und nach darin wirklich eine solche Fertigkeit, daß sie es später auch unangefeuchtet in den Magen hinabbefördern können. Ist dies geschehen, so wird das Band wieder herausgezogen und das Experiment so oft wiederholt, bis der Magen mit oder ohne die bekannten Nachhilfen vollständig entleert ist.

Ist so der Fakir mit seinen Vorbereitungen bis zum höchsten Grade der Abtötung gelangt, so erfolgt nach Braids Bericht das Lebendigbegrabenwerden auf ziemlich einfache Weise. Nachdem der Jogin den erwähnten Reinigungsprozeß vervollständigt hat, setzt er sich auf ein leinenes Grabtuch, das Gesicht nach Osten gekehrt, dabei unverwandt den Blick auf die Spitze seiner Nase gerichtet. Nach kurzer Zeit tritt die Starre ein: die Augen schließen sich, die Finger krampfen sich zusammen, der ganze, in einer kauernden Lage befindliche Körper wird unbeweglich, die Gesichtsfarbe geht ins Fahle über und die Atmungsthätigkeit hört auf. Dann eilen die Diener hinzu, verstopfen dem Fakir Ohren und Nase mit wachsgetränkten Pfropfen und hüllen den leblosen Körper in das Grabtuch ein, das zugenäht und mit einem Siegel versehen wird, in der Regel mit dem Abdrucke des Ringes eines Ministers oder des Rabschah selbst. Hierauf verschließt man den Körper in einen Kasten, doch legt man ihn auch ohne weiteres in eine ausgemauerte Grabhöhlung, welche mit Steinplatten zugedeckt und mit Erde beschüttet wird. Weder bei Tag noch bei Nacht verlassen während der ganzen Dauer des Begrabenseins die sorgsam ausgewählten, besonders zuverlässigen Wachen und Diener der meist mißtrauischen und Betrug fürchtenden Fürsten und Großen die Grabstätte des im Todesschlaf Liegenden. Ist die verabredete Zeit verstrichen, so zieht der Hof mit allen Großen an die Stätte, an der bisher Tausende von gläubigen Hindus in Andacht geharrt haben, um ihre Seele durch die Nähe des Heiligen zu läutern. Die Siegel und sonstigen Vorkehrungen zur Sicherheit gegen Betrug, die man auch noch an den Deckplatten anzubringen pflegt, werden amtlich geprüft und dann gelöst, um den Toten wieder auferstehen zu lassen.

Einem solchen Akte wohnte nun der Ministerresident Wade im Jahre 1837 in Lahore bei und schildert denselben wie folgt: „Ich war am Hofe des Runschit Singh, als der von Kapitän Osborne in seinem Buche über Indien erwähnte Fakir lebend auf sechs Wochen begraben wurde. Obwohl ich erst einige Stunden nach dem Begräbnis ankam, so bestätigten doch der Maharabschah selbst und die glaubwürdigsten Hofleute, daß der Fakir in ihrer Gegenwart begraben worden sei, und da ich selbst zugegen war, als er wieder ins Leben zurückgerufen wurde, wobei ich so nahe stand, daß eine Täuschung ausgeschlossen blieb, so glaube ich fest, daß kein Betrug bei der erlebten außerordentlichen Thatsache unterlief. Als der bestimmte Zeitraum herannahte, begleitete ich infolge an mich ergangener Einladung den Maharabschah dahin, wo der Fakir bestattet oder untergebracht war. Es war dieses ein viereckiges Gebäude, in der Mitte eines der prächtigen fürstlichen Gärten von Lahore, ringsum mit Veranden und Laubgängen umgeben und mit einem mittleren, geschlossenen Raume. — An Ort und Stelle angekommen, stiegen Runschit Singh und seine Begleiter von ihren Staatselefanten und wir beide untersuchten nun sorgsam die Beschaffenheit des Gebäudes. Wir gelangten zur Ueberzeugung, daß sich alles so verhalte, wie am Tage seiner Verschließung. Der Maharabschah zeigte sich hinsichtlich seines Befundes so kritisch, wie irgend ein Europäer es hätte sein können; deswegen war es sein erstes gewesen, den Siegelabdruck an der Pforte des Gebäudes auf seine Unverletztheit und Echtheit hin aufs genaueste zu prüfen, um zum vornherein den Verdacht irgend welchen Betrugs auszuschließen. Zwei Kompagnien der fürstlichen Ehrengarde hatten in der Nähe des Grabortes ein Lager bezogen und überall ausgestellte Wachtposten zeigten, wie ernst die Sache genommen wurde.

Mit Lichtern versehen stiegen wir nun in eine Art Nische mehrere Fuß unter der Bodenfläche. In diesem Raume stand aufrecht ein hölzerner Kasten mit Deckel, etwa vier Fuß lang und drei breit, in welchem der Fakir eingeschlossen war. Der Deckel war zudem noch durch ein Vorlegeschloß und durch dasselbe Siegel wie das an der Außenthüre befindliche gesichert. Als der Kasten geöffnet und sein Inhalt sichtbar geworden war, sahen wir einen weißen Sack vor uns, dessen Form die zusammengekauerte Gestalt eines darin eingeschlossenen Menschen erkennen ließ. Diese über den Kopf gezogene und oben zugebundene leinene Hülle ward abgestreift und wir gewahrten nun einen mumienartigen Körper; Arme und Beine waren runzelig und steif, die glanzlosen Augen starr, der Kopf neigte sich, wie bei Leichen, auf die Seite. — Ich bat meinen Arzt, der mich begleitete, ebenfalls hinabzusteigen und den Körper zu untersuchen. Es geschah; der Doktor konnte weder in der Herzgegend, noch an den Schläfen, noch am Arm einen Pulsschlag verspüren. Doch fühlten sich die mit dem Gehirne zusammenhängenden Kopfteile wärmer an als die übrigen Körperteile.

Die totenähnliche Masse wurde zuerst in heißem Wasser gebadet; dann ward dem Haupte ein heißer Weizenteig aufgelegt. Erst als der zur Wiederbelebung zubereitete Teig zum drittenmal auf den Scheitel gebracht worden, bemerkte man an dem Körper krampfhafte Bewegungen; man entfernte nun aus den Ohren und der Nase die hineingesteckten Pfropfen und auch die Zunge ward aus dem Schlunde gezogen. Jetzt schienen die Nasenlöcher sich zu erweitern, und die Glieder begannen zu natürlicher Fülle anzuschwellen. Der Puls blieb jedoch immer noch matt, kaum fühlbar; der Diener legte jetzt etwas zerflossene Butter auf die starren Augen, dann auf die Zunge des Fakirs und ließ sie verschlucken. Wenige Minuten später traten die Augäpfel hervor und erhielten eine natürliche Färbung; der Fakir erkannte den neben ihm sitzenden Runschit Singh und murmelte diesem sich zuwendend in kaum verständlichem Grabestone: „Glaubst Du mir nun?" — Der Maharadschah mußte die Frage bejahen. Er ließ daher dem Fakir ein Perlenhalsband, prachtvolle goldene Armbänder und ein Ehrenkleid aus Seide, Musselin und Shawlstoff, wie es gewöhnlich von indischen Fürsten hervorragenden Personen verliehen wird, reichen.

Wie ein Dr. Mac Gregor berichtet, hielt derselbe Fakir ein derartiges Lebendigbegrabensein sogar einmal zehn Monate aus, in die seligsten Träume gewiegt, wie er erzählte. Aus Furcht vor Ameisen ließ er die Kiste im Grabe aufhängen. —

Einmal bei der Reklame der Scheintoten angelangt, wollen wir auch noch der Reklame der — Selbstmörder erwähnen. Der Selbstmörder? hören wir im Geiste manchen Leser ungläubig fragen. Ja, der Selbstmörder, und wir können hinzufügen, daß es deren nicht wenige sind, die es lieben, mit möglichst großem Eklat aus dieser Welt abzufahren. Nach Hunderten zählen die Fälle, wo Lebensüberdrüssige die Spitzen der höchsten Türme oder Denksäulen erkletterten und sich von oben herabstürzten, nicht etwa, weil so ihr Tod ein gewisserer, sondern lediglich, weil ihr Name und ihre That dann noch Stoff zu effektvollen Zeitungsartikeln geben. Es sind einzelne Fälle bekannt, wo Selbstmörder, von der Sucht getrieben, Aufsehen zu erregen, sich schauderhaften Todesarten unterwarfen, daß sie sich von Kopf bis zu Fuß mit Petroleum bestrichen und dann bei lebendigem Leibe verbrannten. Einige Soldaten gab es, die ein Geschütz mit einer Granate luden, sich vor die Mündung des Rohres stellten, den Zünder fallen ließen und nunmehr mit einem wirklichen Knalleffekt dies irdische Jammerthal verließen.

Handwerker, Kaufleute und Fabrikanten.

Reklame eines amerikanischen Parfümeurs.
(Aus dem „Century-Magazin", New-York.)

Die Reklame ist heutzutage eine Wissenschaft — oder Wissenschaft und Kunst zugleich. In den Weltstädten London, New-York, Paris und Berlin wird daran wohl fester geglaubt, als an irgend etwas sonst.

Jeder Geschäftsmann allda bedient sich seiner Reklame. Der eine glaubt dadurch ans Ziel seiner Wünsche, zum Reichtum, zu gelangen, wenn er einige Negerjungen in feine Livreen steckt und sie so als Portiers oder Laufburschen verwendet, der andere hofft den grämlichen Drachen „Geschäftslosigkeit" dadurch bekämpfen zu können, daß er seinen Kunden in den kleinen Provinzialstädtchen eine Schar hübscher weiblicher Geschäftsreisenden auf den Hals sendet, vor deren Engelsmienen die Abnehmer sich doch nicht auf einige oberflächliche Komplimente beschränken können, sondern mindestens etwas bestellen müssen.

Ein dritter glaubt sein Heil darinnen zu erblicken, daß er Predigern seine Waren zum Selbstkostenpreise offeriert, wenn sie sich bereit erklären, diese Waren ihrer Gemeinde zu empfehlen. Ein vierter sucht das Vertrauen des Publikums durch die Angabe zu erwecken, wie lange das Geschäft bereits besteht, und findet man daher das Wort „begründet" mit Angabe der Jahreszahl häufig in Inseraten und auf Aushängeschilden.

Auch Medaillen sind beliebt, und wird es niemals versäumt, mit Nachbildungen derselben in Wagenradgröße das Haus zu zieren. Daß sich die Medaillen, zu einem schönen Tableau vereinigt, in Holzschnittwiedergabe auch auf allen Preiscourants, Rechnungen, Katalogen, Wechseln, Briefbogen, Kouverts und Etiketten der Firma wiederfinden, ist selbstverständlich.

Ein außerordentlich wertvolles und gesuchtes Reklamemittel ist dem Kaufmannsstande die „hohe und höchste Protektion."

Ein Geschäftsmann zahlt Unsummen, kann er seinen Mitbürgern berichten, daß „Ihre königliche Hoheit die Prinzessin von Dinkebühl und Doppelhasensprung allergnädigst geruhten, bedeutende Einkäufe in seinem Laden auszuführen."

Wird ihm diese Ehre vielleicht mehrmals zuteil, so ruht er sicherlich nicht, bis er, dank seinem gelenkigen Rückgrate, seinem Namen den Titel „Hoflieferant" anhängen kann. So kündigt er sich denn an als Hof-Parfümeur des Königs, der Königin, oder wenn es keine der Majestäten sein können, doch wenigstens S. k. Hoheit des Prinzen Christian oder Gottlieb. Die Reklame der „höchsten Protektion" wird übrigens auch viel von Gesellschaften benützt; wird eine solche gegründet, so muß sie Patrone haben, und den meisten Segen kann sie sich versprechen, wenn sie den Kaiser oder die Kaiserin zum Protektor haben.

Daß man nach dieser Protektion schon vor längerer Zeit strebte, geht aus einer Stelle in Casanovas Memoiren hervor. Er war erstaunt über die Menge der Käufer, die man fortwährend in einem in der Nähe des Palais Royale zu Paris errichteten Tabaksladen sah und er bat einen Mann, ihm hierüber Auskunft zu geben.

„Was machen alle diese Leute vor dieser Thür?"

„Sie kaufen sich hier Tabak."

„Ohne Zweifel, weil man nur hier welchen verkauft?"

„Keineswegs; man verkauft in Paris auch an tausend anderen Orten Tabak, aber seit drei Monaten will jedermann nur Tabak, der hier gekauft worden ist. Man gilt für einen armseligen Schlucker, wenn man in seiner Tabaksdose keinen Civettetabak hat."

„Er ist also besser als in andern Läden?"

„Durchaus nicht."

„Warum ist er denn Mode?"

„Weil die Herzogin von Chartres es gewollt hat."

„Was hat sie dafür gethan?"

„Fast nichts! Zwei- oder dreimal hat sie, wenn sie vom Palais Royal aus spazieren fuhr, ihren Wagen vor diesem Laden halten und sich in demselben ihre Tabaksdose füllen lassen und dabei ganz laut gesagt, ihr Tabak sei der beste in ganz Paris. — Weiter bedurfte es nichts. Einige Maulaffen hatten die Worte der Herzogin gehört, am folgenden Tage kannte ganz Paris dieselben und am zweitfolgenden Tage drängte die Menge sich nach Civette und hat es seitdem nicht verlassen."

„Die Händlerin muß dabei einen schönen Gewinn machen?"

„Das läßt sich denken. An manchen Tagen verkauft sie für mehr als 100 Thaler Tabak."

„Die Herzogin weiß ohne Zweifel gar nicht, daß sie die Ursache dieses großen Glückes ist?"

„Im Gegenteil. Die Prinzessin hat das beste Herz von der Welt und sie hat in diesem Fall nichts weiter gethan, als einen sinnreichen Gedanken ihres Herzens zur Ausführung gebracht. Diese Händlerin hatte sich eben verheiratet, die Herzogin interessierte sich für das Wohl des jungen Paares, doch zugleich wünschte sie, ihr gutes Werk möge nicht als eine Wohlthat erscheinen und durchaus nicht den Zwang der Dankbarkeit nach sich ziehen."

„Sie erdachte sich demnach also das Mittel, das Sie mir eben mitgeteilt haben?"

„Ganz recht. Ist das nicht göttlich?"

Casanova stimmte diesem Gedanken von ganzem Herzen bei, wie es wohl ein jeder thun wird. Merkwürdig ist, daß der Laden la Civette 110 Jahre bis zum Abbruche des Häuserviertels in der Mode blieb.

Daß auch die Protektion einer berühmten Künstlerin von Wert sein kann, mußte der Besitzer eines bedeutenden Putz= und Modewarengeschäfts zu New=York, welcher vor der Ankunft von Jenny Lind einen ebenso schönen, als kostbaren Damenhut hatte anfertigen lassen. Am Tage nach ihrer Ankunft begab sich der Hutmacher in das Hotel, in welchem sie abgestiegen war, ließ sich bei ihr anmelden, wurde angenommen und bat sie um die Erlaubnis, ihr einen Hut als einen Beweis seiner besonderen Hochachtung überreichen zu dürfen. Jenny Lind konnte das ihr angebotene Geschenk nicht ablehnen. Sie nahm es an, und der Kaufmann bat nun um die Erlaubnis, diese Hüte unter dem Namen Jenny=Lind= Hüte verkaufen zu dürfen. Frl. Lind erklärte, daß sie hiergegen nichts einzuwenden haben könne, und der Kaufmann ersuchte sie nun, um, wie er sagte, jeden Schein einer Anmaßung zu vermeiden, ob sie nicht die Güte haben wolle, ihm durch wenige Zeilen zu bescheinigen, daß sie ihm gestattet habe, ihren Namen zu benutzen, was er sich sonst nie zu erlauben gewagt haben würde. Die ebenso geistreiche, als bescheidene und gutmütige Künstlerin lächelte, setzte sich an ihren Schreibtisch und schrieb die gewünschte Bescheinigung. Der überglückliche Kaufmann empfahl sich, und am folgenden Tage hing in dem glänzenden Schaufenster des Ladens in einem reichen Goldrahmen das Autograph von Fräulein Lind, umgeben von einer Anzahl von gleichen Hüten, wie der der Künstlerin offerierte. Alle Welt lief nach dem Laden, wo eine eigenhändige Handschrift des Frl. Lind zu sehen war; im Nu waren sämtliche Hüte zu enormen Preisen verkauft, und als nun gar Frl. Lind die Freundlichkeit hatte, bei ihrer ersten Spazierfahrt diesen Hut zu tragen, da konnte der Kaufmann kaum so viele davon anfertigen lassen, als bestellt wurden. In wenigen Tagen hatte er mehrere Tausend Dollars damit verdient, die Anstrengungen seiner Konkurrenten konnten ihn nicht überflügeln, denn sie konnten ja keine eigenhändige Bescheinigung der Künstlerin vorlegen, und ihre Fabrikate waren also nicht „genuine".

Die Anwesenheit der Jenny Lind in New=York mußte auch noch zu anderen Reklamen dienen. Genin, gleichfalls ein Hutmacher, erstand bei der

Versteigerung der Sitze zum ersten Konzerte der Künstlerin das allererste Billet für den fabelhaften Betrag von 225 Dollars (ca. 950 Mark), weil er wußte, das werde für ihn Reklame machen. Er täuschte sich nicht. „Wer ist der Ersteher?" fragte der Auktionsbeamte. — „Der Hutmacher Genin." Die in großer Menge anwesenden reichen Leute von der Fünften Avenue und aus verschiedenen Gegenden des Landes fragten überrascht: „Wer ist dieser Hutmacher eigentlich?" Sie hatten nie von ihm gehört. Tags darauf stand in allen Zeitungen die Nachricht, der Hutmacher Genin habe für das erste Lind=Billet 225 Dollars gegeben. Allenthalben nahmen die Männer die Hüte ab, um zu sehen, ob dieselben von Genin seien. Inmitten einer Volksmenge in Jowa entdeckte ein Mann, daß er einen Geninschen Hut auf dem Kopf habe, und schwang ihn triumphierend in der Luft, obgleich derselbe ganz alt und schäbig war. „Ei!" rief jemand aus, „was Sie für ein Glücksmensch sind! Sie haben ja einen echten Genin=Hut!" Ein zweiter sagte: „Bewahren Sie diesen Hut wohl! Er wird ein Familienkleinod werden, ein wertvolles Erbstück." „Ei was!" schrie ein dritter, der den „Glückskerl" förmlich zu beneiden schien, „geben Sie jedem von uns einen Hoffnungsstrahl! Versteigern Sie den Hut!" Der Mann kam dieser Aufforderung nach und erzielte für seine schäbige Kopfbedeckung nicht weniger als achtunddreißig Mark.

Reklamevignette eines amerikanischen Hutmachers.

Genins 225 Dollars waren eine gute Anlage, denn er verkaufte schon im ersten Jahre zehntausend Hüte mehr als sonst, und da die Käufer — zuerst von der Neugierde getrieben — für ihr Geld gute, befriedigende Ware erhielten, steigerte sich der Absatz von Jahr zu Jahr. Die Reklame lockte die Kunden an, die solide Bedienung fesselte sie.

Natürlich kann und soll nicht jedermann so annoncieren wie Genin. Auch Zeitungsinserate und Maueranschläge sind nicht immer erforderlich. Ein auffälliges Wägelchen oder eine Reihe von Plakatmännern, ein Theatervorhang, eine Erwähnung in einem Lustspiel oder Roman und vielerlei andere Mittel können ebensogut — unter Umständen noch eher — zum Ziele führen.

Mancher Mensch erfreut sich im Gebiete der Anzeigen einer ganz besonderen Befähigung, die ihn in den Stand setzt, eine Bekanntmachung zu ersinnen, welche die Aufmerksamkeit des Lesers sofort und unfehlbar auf sich lenkt. Ein solches Talent ist natürlich von hohem Werte. Zuweilen macht sich jemand durch ein geschickt arrangiertes Schaufenster zum Stadtgespräch. Andere locken einen großen Kundenkreis mit Hilfe auffälliger Firmatafeln. In New-York wurde ein Kaufmann dadurch populär, daß er vor seinem Laden ein Querschild anbrachte, auf dessen rechter Seite die Inschrift prangte:

MAN LESE DIE ANDERE SEITE NICHT!

Natürlich las jedermann die andere Seite, welche auf die Ware, die im Laden zu haben war, hinwies. Viele kauften aus Neugierde, wurden reel bedient und kamen wieder — der Geschäftsmann erwarb ein großes Vermögen. —

Es ist bekannt, welche hohe Summen Geldes amerikanische Geschäftsleute für die Annonce in Wort und Bild verwenden. Sie kennen ihr Publikum und wissen genau, wie es zu machen ist, ihren Artikeln Eingang in den kaufenden Kreisen zu verschaffen. Allen voran stehen die großen Gold- und Silberwarengeschäfte New-Yorks mit ihren prächtig ausgestatteten Katalogen. Eine einzige Firma verausgabte für einen solchen in einer Auflage von 7000 Exemplaren hergestellten Katalog 100,000 Dollars, während andere Firmen Summen von 30,000 bis 50,000 Dollars für gedachten Zweck verwenden. Der ersterwähnte Katalog hat Folioformat und enthält, wie amerikanische Blätter berichten, 400 Seiten mit zahlreichen Stahlstichen und lithographischen Farbendrucken, von denen einzelne bis zu 15 Platten erforderten. Es sind Blätter dabei, deren Zeichnung gegen 1200 Dollars kostete. Die reich mit Silber ausgestattete, prächtige Pressung der Decken erforderte allein 3000 Dollars. Einige haben ihr Vermögen damit gemacht; Tausende streben, es ihnen nachzuthun; Viele ruinieren sich wohl auch auf diesem nicht mehr ungewöhnlichen Wege. Es gibt illustrierte Reklamen, welche künstlerischen Wert haben, und Pears, der Londoner Seifenfabrikant, welcher viel Reklame macht, rühmt sich zum Beispiel, Mitglieder der königlichen Akademie in Besoldung zu haben. Seine hübschen Porträts von Primadonnen, Theaterprinzessinnen und Gesellschaftsbeauties sind überall zu sehen; wir erinnern blos an seine reizende Adeline Patti, wie sie von einem Notenblatt die Worte absingt: „Probiert Pears' Seife", oder an das Bild der Mrs. Langtry in ihrer Hauptrolle als „professional beauty".

Ein amüsantes Histörchen wird von einem amerikanischen Kunstmäcen, dem reichen New-Yorker Konfektionsmann Stewart erzählt, welcher durch ein etwas planloses Bilderkaufen in letzter Zeit vielfach von sich reden machte. Er bestellte bei einem der bekanntesten Maler des high life ein Bild und bot ihm dafür das Dreifache des geforderten Preises unter der einzigen harmlosen Bedingung, daß die Kleider sämtlicher Damen darauf nur mit Jett besetzt, alle Spitzen in Jett=

perlen ausgehen, die Hälse mit Jettketten und -Broschen umhangen — kurzum die Gestalten von Jett strotzen sollten. Trotz der leichten Ausführbarkeit dieses Wunsches schien dem Künstler die Idee nicht ganz geheuer; er macht Einwendungen, fordert eine Erklärung über den Zweck des sonderbaren Schmuckes und der Besteller läßt sich nicht lange nötigen. „Je nun", expliziert Mr. Stewart, „es ist so eine Idee von mir. Das Bild wird in New-York ausgestellt, alle Modedamen werden es bewundern, werden Jett für die neueste Pariser Mode halten und nur noch Jett kaufen, meinen Jett, von dem ich seit Jahren ein so großes Lager besitze, daß ich es nicht loszuwerden weiß. Verstehen Sie nun?"

Reklame-Anzeige des Seifenfabrikanten Pears in London.

Allerdings konnte der Künstler über den naiven Gedanken des praktischen Amerikaners nicht länger im Zweifel sein. Er verstand, und zwar so gut, daß er die Bestellung ausschlug.

Wilson, der Inhaber der gleichnamigen Seiden- und Modewarenhandlung in Glasgow, verfiel als erfinderischer Kopf neulich zur ferneren Anlockung von Käufern auf folgendes artige und originelle Hilfsmittelchen. Im Schaufenster seines „Kolosseum-Magazins" stellte er unter den verschiedenen Nouveautés einen mit Erbsen gefüllten, wohlverschlossenen und versiegelten Topf auf. Daneben war die Anzeige zu lesen: „Der- oder Diejenige unter meiner verehrten Kundschaft, welcher die Zahl der in dem Topfe befindlichen Erbsen richtig errät, erhält einen Preis von 100 Lstrl. Wenn die Zahl nicht erraten wird, soll diejenige Person, welche derselben am nächsten rät, 50 Lstrl. erhalten, die übrigen

50 Lſtrl. werden in dieſem Falle unter die nächſten acht Aſpiranten verteilt."
Am feſtgeſetzten Tage wurde nun der Topf in Anweſenheit einer großen Anzahl
neuer und alter Kunden feierlichſt eröffnet und die Erbſen wurden gezählt. Eine
Frau Somerville trug den Preis von 50 Lſtrl. davon, da natürlich niemand
die genaue Zahl der Erbſen erraten hatte. Es waren 7955. Nicht weniger als

Pariſer Bäckermädchen.

40000 Perſonen ſollen ihr Glück verſucht und dabei natürlich, um als Kunden
gelten zu können, etwas gekauft haben. Geſetzt, es hätte jeder fünf Schillinge
ausgelegt, ſo würde Herr Wilſon demnach bei einem Abſatz von 10,000 Lſtrl.
ein ſehr gutes Geſchäft gemacht haben — ſelbſt auch wenn ſie weniger aus=
gelegt hätten.

Einer ähnlichen Reklame bediente ſich kürzlich ein Bäcker, der in einige
ſeiner Weißbrötchen Goldſtücke buk und die Nachricht hiervon großmächtig aus=

posaunte. In weniger als einer Stunde war sein enormer Vorrat an Weiß=
brötchen vergriffen.

Ein Thee= und Kaffeehändler in Boston, der zu den Feiertagen ein gutes
Geschäft machen wollte, stellte in seinem Laden einen kolossalen Theekessel zur
Schau aus und lud jedermann ein, dessen ungefähren Inhalt zu schätzen, wobei
er für diejenigen, welche am besten rieten, zwei Preise aussetzte: eine Kiste
Thee und fünfundzwanzig Pfund Kaffee. Zwölfhundert Kompetente ließen ihre
Schätzungen von zehn bis dreitausend Gallons registrieren. Am Neujahrstage
wurde in Gegenwart von fünf= bis sechstausend Menschen der Theekessel öffent=
lich gemessen und die zwei Preise verteilt. Der Kessel maß genau zweihundert=
siebenundzwanzig Gallonen, zwei Quart, ein Pint und drei Gills. Die nächste
Schätzung reichte bis drei Gills, und acht Personen hatten dieselbe gemacht,
weshalb ihnen die Theekiste zur Verteilung unter sich gegeben wurde. Den
zweiten Preis, die fünfundzwanzig Pfund Kaffee, hatten sieben Personen unter
sich zu teilen, welche bis auf fünf Gills richtig geraten hatten. Selbstverständ=
lich machte der Mann, der diesen echten Yankee=Einfall hatte, ein enormes Geschäft.

In London lud, gleichfalls um Reklame zu machen, im Monat Mai des
Jahres 1718 James Austin, ein Koch, seine Kunden zu einem Puddingessen.
Der Pudding, welchen er bereitete, war 1000 Pfund schwer und wurde im
Gasthause zum Roten Löwen gekocht, was 14 Tage in Anspruch nahm.
Von dort sollte nun der Pudding nach dem Wirtshause Zum Schwanen gebracht
werden. Eine Musikbande ging dem Zuge voraus und spielte: „What lumps
of pudding my mother gave me". Die Instrumente waren in gleichen Maßverhält=
nissen wie der Pudding, eine Trommel war 18 Fuß in Länge und 4 Fuß in Höhe.

Bevor der Pudding aber noch seinen Bestimmungsort erreichte, wurde
die Eskorte von einem Pöbelhaufen überfallen und in die Flucht geschlagen.
Der Pudding wurde in tausend Stücke zerrissen und verschlungen und also die
ganze Feierlichkeit zu Ende gebracht, bevor die Gäste des Mr. Austin das Kunst=
werk desselben nur gesehen hatten.

Frau Reklame ist ein energisches Weib. Des neuesten Kindes ihrer
Phantasie hat sich ein Zigarrenfabrikant bemächtigt, welcher auf den Straßen
in Berlin den Passanten kleine Kouverts mit einer Zigarre in die Hand drücken
läßt. Auf der Rückseite des Kouverts ist der Mille=Preis des Fabrikats ange=
geben. Hierzu erhält noch jeder Passant einen Preiskourant der Firma nebst
Hansakarte zur Erleichterung der etwaigen Bestellung.

Auf der Höhe der Zeit stehen jedenfalls auch die amerikanischen Ge=
schäftsleute, die mit ihren Etablissements zugleich ein Café oder ein Restaurant
verbinden. Hat jemand seine Einkäufe besorgt und bar bezahlt, so erhält er
vom Kassierer des Geschäfts eine Karte, welche mit der Quittung die Einladung
zum Eintritt ins Café enthält. Auf ein Telephonzeichen öffnet sich die Ver=
bindungsthür, und der Käufer und die Käuferin wird ins Café geleitet, wo sie

beim Eintritt von einem sich tief verbeugenden Kellner empfangen werden, der eine zweite Karte präsentiert. Diese Karte enthält mehrere Abteilungen, die nach der Höhe der Einkäufe gemacht sind. Wer zum Beispiel für 1 Dollar eingekauft hat, hat die Wahl zwischen einer Tasse Kaffee, Schokolade, einer Flasche Bier, einem Glas Limonade oder einer Portion Eis-crème. Wer für 5 Dollars eingekauft hat, erhält ein Gabelfrühstück. Und so geht es in den Abstufungen je nach den Einkäufen weiter bis zum vollständigen Diner mit Rot- oder Weißwein, je nach Belieben. Beim Weggehen erbittet sich der Kellner die erste Karte, die als Bezahlung gilt.

Wer häufig amerikanische Blätter zur Hand nimmt, dem ist gewiß ein anderes, mit einer sehr komischen Illustration geschmücktes Inserat aufgefallen. Der Holzschnitt zeigt zwei Herren auf den Parkettsitzen des Theaters, beide sind dem Text entsprechend charakterisiert. Darunter steht folgendes: „Diese beiden Herren sind Brüder, der eine läßt sich den Schnurrbart wachsen und lacht nie, der andere rasiert sich und lacht beständig."

Die Erklärung dieses Zufalls besteht darin, daß der Eine dieses oder jenes Mundwasser gebraucht und sich eines perlenähnlichen Gebisses erfreut, während dem Andern jene Zierde mangelt, weil er es unterlassen hat, das genannte Mundwasser zu benützen.

Wir besitzen auch in deutschen Blättern ähnliche Formen der illustrierten Reklame, wie z. B. das bekannte Zwiegespräch:

„Guten Tag, Julius!"

„Mein Herr ... ich kenne Sie nicht."

„Wie, Julius, Du kennst Deinen besten Freund nicht mehr?"

„Wa—wahrhaftig Du bist es; ja wer hat Dir denn diese herrliche Bartfülle angezaubert?"

„Sehr einfach, ein Tiegel **scher ‚Bartrufer' u. s. w."

Und nun schickt Julius seinen besten aber bartlosen Freund direkt zu dem Bartwuchsmittelerzeuger.

Ein weiteres Beispiel ist nebenstehende Anzeige. —

Seit Aufhebung der Kalender-Stempelsteuer geht die Flut der Kalender hoch. Gratis und franko empfängt man sie durch allerhand Geschäftsreklamen, und tausend verschiedene Ausgaben bedecken den Büchermarkt. Es gibt wohl kaum einen Sterblichen, der nicht von irgend einer Seite her bekalendert würde.

Dr. Warners Coraline-Korsetts.

„Sieh nur mein Korsett! Ich kaufte es erst vergangene Woche!"

„So viel ich mich nur wenden und biegen mag, mein Coraline-Korsett wird niemals brechen!"

Ein Weinhändler offeriert Portwein, „so rein wie die Thränen, die auf einer Schwester Grab fallen."

Ein Freund der Philanthropie preist dem Publikum seinen „nordischen Gesundheitstrank" an. Nektar ist Wasser dagegen.

Wenn aber alle Mittel erschöpft sind, so greift der Inserent auch zur Ironie, wie jener amerikanische Schnapshändler, welcher folgende Anzeige verbreiten ließ:

„Da ich dank der unausgesetzten Bemühungen der hochwürdigen Brüder Kilian und Kolomanus überzeugt worden bin, daß die Trunksucht ein höllisches Laster, und mein Geschäft, der Verkauf von Spirituosen, ein sündhaftes Gewerbe ist, so habe ich mich entschlossen, dem Vertriebe des verfluchten Branntweins gänzlich und für immer zu entsagen und meine großen Vorräte an vorzüglichen Destillaten zu nie dagewesenen Preisen zu verkaufen. Geschwind, benützt die seltene Gelegenheit, bevor es mich reut!

John McLure. 4. Jefferson Street."

Nicht selten spekulieren einzelne Firmen mit ihren Reklamen auf die Leichtgläubigkeit des Publikums, so erließ ein Geldschrankfabrikant in St. Louis im Inseratenteil der gelesensten Blätter folgenden

Dank!

Bei dem mit unglaublicher Frechheit ausgeführten Einbruch, welcher am 1. ds. in meinem Exportkontor, Greenwoodstraße stattgefunden hat, fiel der größte Teil meines Musterlagers und der Inhalt meines Sekretärs den Dieben in die Hände: nur die echte Smart-Kasse, welche ich vor einem Jahre bei Müller & Lantry in San Franzisko kaufte, blieb von den Räubern verschont. Ich mache das mit dem Gefühl des heißesten Dankes bekannt. Hätte ich diese Kasse nicht besessen, so wäre ich heute ein Bettler.   John Taylor.

Dieser Dank hat ein so gutmütiges Gesicht, daß man unwillkürlich neben der Teilnahme für den Beraubten Interesse für die einbruchsichere Smart-Kasse empfindet. Einem Konkurrenten ließ diese Reklame keine Ruhe, er forschte in St. Louis nach und es stellte sich heraus, daß das erwähnte Exportkontor von einem Einbruch gar nicht heimgesucht worden war. Nachdem er dies erfahren, inserierte er folgendes:

> **Zum Einbruch im Exportkontor ꝛc.** Wir sehen uns
> veranlaßt zu erklären, daß wir bei unserem nächtlichen Besuch
> im Exportkontor die Smart=Kasse absichtlich unberührt ließen,
> weil es gegen unsere Standesehre verstößt, derartige stümper=
> haft gearbeiteten ‚Sicherheitsschlösser' (?) zu öffnen. —
> **Die nächtlichen Besucher des Exportkontors.**

Die „Beraubten" konnten darauf nichts erwiedern, sie hätten nur ihre Lüge eingestehen müssen.

Eine ähnliche Kontremine sahen wir in einer kleinen Stadt des fernen Westens springen.

Es hatte sich in derselben, um ihr Maß von Ansprüchen, für eine Großstadt genommen zu werden, voll zu machen, ein humoristischer Photograph niedergelassen. Nachdem sich in der einzigen Straße des Ortes der erste Repräsentant dieser Kunst unter Heraushängung eines Schildes mit der Aufschrift „Hier ist der beste Photograph der Stadt!" etabliert und ihn der zweite, nur wenige Häuser davon entfernt, mit der noch verheißungsvolleren Aufschrift „Hier ist der beste Photograph der Welt!" überboten hatte, trat unser Mann als dritter Konkurrent mit der Inschrift auf den Kampfplatz: „Hier ist der beste Photograph in dieser Straße!" —

„Ausverkauf", liest man jetzt an so vielen Schaufenstern und so häufig in den Blättern, daß das Publikum an den meisten dieser Ausverkäufe teilnahm= los vorübergeht. Es weiß, daß dieser Ausdruck nur anlocken soll und es den Ausverkäufern nicht einfällt, ihr Geschäft aufzugeben, trotzdem sie auf ihren Plakaten versichern, daß dies „Sterbefalls halber" geschehe. Nur einzelne „fallen noch herein", wie der Volksausdruck lautet, weil sie meinen, im Aus= verkauf zu oder unter Fabrikpreisen einzukaufen.

Auch die Ankündigung des berühmten „Restertags" will nicht mehr recht verfangen, seitdem das Publikum erfahren hat, daß diese „Rester" (soll heißen „Reste") künstlich gemacht, d. h. ganze Stücke zu sogenannten „Restern" zerschnitten werden.

Es sind das dieselben Schwindelreklamen, wie sie auch von gewissen Möbel= und Ausstattungsgeschäften zur Täuschung des Publikums ersonnen werden. „Wegen Versetzung eines Beamten," „wegen zurückgegangener Heirat" und aus hundert anderen Gründen werden spottbillige Verkäufe von Mobilien angezeigt und mitunter die raffiniertesten Kniffe angewendet, um die Täuschung aufrecht zu erhalten. Wie im Jahre 1885 ein Prozeß in Düssel= dorf ergab, wohnten die betreffenden Verkäufer fast ausnahmslos in oberen Etagen; einzelne hatten sogar die Räume, aus denen sie das Möblement ver=

kauften, an Chambregarnisten vermietet, um die neuen, minderwertigen Möbel, die nach jedem Verkauf schleunigst wieder ersetzt wurden, als gebrauchte zu kennzeichnen. Eine Händlerin trat den Kunden sogar immer als trostlose Witwe in tiefstem Schwarz entgegen und während ihre Thränen um den angeblich vor wenigen Tagen verstorbenen Gatten unaufhaltsam rannen, hing sie den dupierten Kauflustigen ihren schlechten Hausrat zu hohen Preisen an. Durch dies Gebahren wurden die soliden Geschäfte fast vollständig lahm gelegt, bis die so Geschädigten einen „Verein gegen Etagen=Möbelschwindel" gründeten und durch Annoncen in öffentlichen Blättern das Treiben der billigen Gelegenheitsverkäufer, unter Nennung der Namen der Betreffenden als Schwindel charakterisierten.

Schwindelhafte Annoncen findet man zu Dutzenden in jeder Zeitung. Das bei weitem überwiegende Element sind die Reklamen der Manufakturisten. Diese Herren ziehen mit einer Todesverachtung gegeneinander zu Felde, vor der selbst der Heldenmut eines Don Quixote in den Hintergrund tritt. In Prosa und in Versen fliegen ihre Wurfgeschosse in die Welt hinein. Um ihre Absicht zu erreichen, bedienen sie sich der abgeschmacktesten und lächerlichsten Mißgriffe. Unter den pompösesten Namen kündigen sie sich auf ihren Prospekten dem Publikum an. Zum Köder ist ihnen nichts zu gering. Der Leser urteile!

Das Haus „Zum guten Teufel" sagt wörtlich: „Wir geben einen vollständigen Anzug dem, der beweist, daß ein einziger von unsern Artikeln anderwärts weniger kostet!" — Weiter unten auf demselben Prospekt steht: „Wir glauben unserer Kundschaft eine Gefälligkeit zu erweisen, wenn wir ihr ein Volkslied mit in den Kauf geben, das uns von einem unserer Klienten zugeschickt worden." Den Refrain in diesem Volksliede bildet natürlich die Aufforderung: „Kauft, kauft beim guten Teufel."

Das Haus „Zu den Sultaninnen" ladet, da seine Gesellschaft sich auflösen wird, die Damen ein, aus einer bis dato noch nicht dagewesenen Wohlfeilheit Nutzen zu ziehen. 50, schreibe fünfzig Prozent Rabatt!!

In einem andern Geschäfte, wo $1/_3$ unter dem Einkaufspreise abgegeben wird, „um das Lager zu räumen", opfert man aus Liebe zum Publikum 150,000 Kaschmirshawls. Eine solche Opferwilligkeit war selbst bei den alten Griechen und Römern nicht zu Hause.

Außerordentlich uneigennützig ist auch der Inhaber des Hauses „Zu den vier Jahreszeiten". Er ist erbötig, jeden bei ihm gekauften Artikel, der aufgehört hat zu gefallen, ohne Widerrede gegen einen anderen wieder einzutauschen.

Schnürleibchen waren von jeher den Aerzten ein Dorn im Auge. Madame Martini bietet den Damen Korsetts, die gar keine Naht haben, nicht den mindesten Druck üben und (hört! hört) „den Namen der Kaiserin an der Stirn tragen". Was will man denn mehr!

Damit sind wir so recht in die Flut der hochtönenden Annoncen und

Reklamen gekommen, und um uns schallt, tönt, posaunt und trompetet es, als befänden wir uns in einem Saale, wo vier verschiedene Kapellen sich auf einmal bemühen, eine jede ein eigenes Konzert zu veranstalten.

Es wird in poetischer und prosaischer Form Reklame gemacht. Da ist zunächst die berühmte „Goldene 110", die sich also vernehmen läßt:

1001 Nacht.

„In den Märchen kann man lesen
Was für große Zauberei
Früher auf der Welt gewesen;
Doch die Wunder sind vorbei! —
Wollte heut es jemand wagen,
Daß er faulen Zauber macht,
Wird er mit dem grünen Wagen
Gleich nach Moabit*) gebracht! —
Nur an einer einz'gen Stelle
Kann man heut noch Wunder sehen,
Diese goldne Zauberquelle
Heißt „die Goldne Hundertzehn!" —
Unter halben Einkaufspreisen,
Daß das Herz im Leibe lacht,
Hat sie Kleider aufzuweisen
Wie in Tausendeiner Nacht!"

„Ueber 10,000 Winterpaletots, jetzt zu herabgesetzten Preisen, 10,000 Knabenanzüge, 10,000 Herrenanzüge billig, billig, billig!"

Das Schuhwarengeschäft „Staerk Nachfolger" bietet das Lied vom „Koksmann" in folgender Weise:

Der Koksmann.

Alter (Winter-) Text.

Tochter: „Mutter, der Mann mit dem Koks is da!"
Mutter: „Schweig' du man stille, ick weeß es ja."
Hast du denn Jeld?
„Ick hab' keen Jeld.
Wer hat den Mann mit dem Koks bestellt?"

---

*) Bekanntes Zellengefängnis bei Berlin.

Neuer (Sommer-) Text.

Mutter: „Mutter laß heit man den Koksmann steh'n,
Koof lieber Stiebeln, kann nich mehr jeh'n,
Fühl mir janz man!
Von so en'n Jank,
Von nasse Beene werd' ick noch krank."

„Gerberstraß' 16, da is der Mann,
Wo jutes Schuhwerk man koofen kann
Vor wenig Jeld,
's mir ooch jefällt,
's hält ooch so jut, als wär et bestellt."

Mutter (zum Koksmann): „Kann brum nischt nehmen mein lieber Bocks,
Erst komm'n be Beene und benn der Koks!"
Koksmann: „'Da hab'n se recht,
Liebe Frau Hecht.
Koof selbst mir welche, weil meine schlecht.'"

„Derf ick wohl stell'n meinen Sack hier rinn?
Fahr' Sie bann beede uf'm Kokswag'n hin!
Eil'n se man nu,
Sonst macht der zu
Und benn gibt's nirgends so billige Schuh'!"

Dieses Lied, sowie „Ee neier Schunkelwalzer" sind unentgeltlich zu haben:
„Gerberstraße 16", in dem bisherigen Gewölbe von Fr. Staerk Nachf.

Die Lärmtrommel zu schlagen, verstehen die Reklamemacher in Prosa nicht minder gut.

„Keine Kopierpressen, keine Stempelballen und Petschafte mehr!" ruft ein glücklicher Erfinder aus. „Ein neues chemisches Verfahren! Unentbehrlich zu Duplikaten und Korrespondenz! Unschätzbar auf Reisen! Nur ein Brief wird geschrieben, und zehn Briefe entstehen! In der ganzen Welt patentiert! Jede Nachahmung wird aufs strengste verfolgt."

„Herbei! herbei!" schreit dort Herr Billarbius. „Großer Wettkampf auf dem Billard zwischen mir und dem. Partie en 3000 points!" Unten steht, daß das Caféhaus das erste und besuchteste in ganz Deutschland sei.

„Keine Hühneraugen mehr!" so schreit ein „Fußkünstler." „Mitbürger! Heraus mit den Silberthalern!" schmettert ein anderer.

„Laſſet die Kindlein zu mir kommen, auf daß ich ſie nach der neueſten Mode kleide!" ſo fleht Samuel Hirſch, der Kleiderhändler in der Judengaſſe.

Am Altar

bei Hochzeiten, Kindtaufen, in den Salons, bei Bällen und Geſellſchaften, auf der Promenade, kurz überall bedient man ſich der noblen und gediegenen Anzüge der Firma Cohn. Dieſelbe hat auf Lager 10,000 Herren=Anzüge; 20,000 Knaben=Anzüge, 1000 Sommer= und 1000 Winter=Paletots ꝛc. ꝛc.

Reklamevignette eines amerikaniſchen Schuhmachers.

Das Präſidium der franzöſiſchen Republik bediente ſich in den ſiebziger Jahren für ſeine amtlichen Bekanntmachungen beſtimmter farbiger Papiere. Ein ſpekulativer Kopf klebte eines Tages auf alle dieſe Anſchläge gerade da, wo ſich ein Erlaß des Präſidenten der Republik befand, eine Annonce ſeines Geſchäfts in der Weiſe, daß der Erlaß nun lautete: „Der Präſident verfügt: Die beſten Mieder in Paris ſind die des Herrn N., Straße N. N., Nummer X. Man darf ſie mit Recht die Wiederherſteller der menſchlichen Formen nennen. Gegeben zu Versailles, am ... 1872. Der Präſident der Republik. Adolphe Thiers." Für dieſen ziemlich unſchuldigen Kniff wurde der betreffende Induſtrielle vor das Zuchtpolizeigericht gefordert und beſtraft. Aber ſein Zweck war erreicht, und die Citation vor den Richter war ihm keineswegs unlieb. Durch die öffentliche Verhandlung der Sache wurde ſein Geſchäft noch weiter bekannt, und die Mitteilungen der Zeitungen über dieſelben waren lauter Gratisanzeigen für ihn. Dame Themis ſelbſt machte für ihn Reklame.

> **!Deine Frau ist verloren!**
> ohne die vorzüglichen Besen von Ralph Dean, 112 Oxfort Street, der im letzten Jahre eine Million derselben verkaufte!

> **Wem sein Leben lieb ist,**
> der schütze den Körper vor allem gegen die schädlichen Einflüsse der Temperatur, man kleide sich stets der Jahreszeit angemessen. Nirgendwo hat man hierzu bessere Gelegenheit, als in der Firma „Zum goldenen Paradiesvogel".

Die Mauern von New-York waren eines Tages mit riesigen blutroten Zetteln beklebt, auf denen in ellenlangen Buchstaben zu lesen war:

Der Präsident Cleveland tot, ermordet!

Wenn man jedoch näher trat, so las man noch andere Worte in kleinerer Schrift, so daß das Ganze lautete: „Der Präsident Cleveland wäre schon lange tot, ermordet von der Kälte und Feuchtigkeit, wenn er nicht seit Jahren die Flanelleibchen der Firma Charles Köhler, Johnston-Square Nr. 3, trüge."

> **Die letzten Worte großer Männer.**
> „Spitze der Armee!" murmelte der große Napoleon in dem Augenblicke, als sein Riesengeist sich von den Fesseln des Körpers befreite.
> „Mehr Licht!" seufzte Goethe.
> „Bekränzt mich mit Blumen!" sagte Mirabeau.
> „Begrabt mich" sagte Jack Towers, „in einem Anzuge, welcher in dem Atelier von Nims & Co. gearbeitet ist, denn ich wünsche im Grabe noch wie ein Gentleman gekleidet zu sein."

Damit wäre die Reklame am Grabe, auf dem Friedhofe angelangt. Sollte jemand aber glauben, daß hier auf den Stätten der ewigen Ruhe, des ewigen Schweigens die Reklame nicht mehr walte, der würde sich in einem schweren Irrtum befinden. Die Grabsteine selber müssen herhalten, um Reklame zu predigen.

Auf einem Pariser Kirchhofe findet sich folgende Grabschrift:

„Hier ruht Frau N. N., Gattin des Schmiedemeisters N. N. Die eiserne Grabeinfassung ist von dem tiefbetrübten Witwer angefertigt."

Ueberboten wird dieser Eisenform- und -biegspekulant von einem New-Yorker Gewerbtreibenden, der sich bei Lebzeiten schon an einer in die Augen fallenden Stelle eines dortigen Friedhofes einen Grabstein errichtete mit der Inschrift: „Hier wird einst ruhen James Bolton; jetzt betreibt er noch sein großes schwunghaftes Dry-goods-Geschäft 13. Avenue, Nr. 97."

Gleichfalls auf einem New-Yorker Friedhof erhebt sich ein Epitaph mit folgendem Wortlaut:

Hier ruht
John Smith,
er erschoß sich mit einem Revolver
System Colt,
der auf der Stelle tötet.
Die beste Waffe für diesen Zweck!

Ein Grabstein auf dem Friedhofe zu Gadesheab, England.
(Nach einem Holzschnitt in Sampson's: „History of Advertising".
Verlag von Chatto & Windus, London.)

Ebenso deutlich gibt sich die Inschrift eines Denkmals, welches den Friedhof von Gatesheab ziert: „Hier liegt Jeremias Jobbins, ein treuer, aufmerksamer Ehemann, ein zärtlicher Vater. Seine untröstliche Witwe, in der Hoffnung auf ein besseres Wiedersehen, setzt das lange schon bestehende Schlacht- und Fuhrgeschäft an derselben Stelle fort als wie vor ihrem schmerzlichen Verluste. Leser, weile und notiere die Adresse."

Ein ähnlicher Grabstein erhob sich an auffälliger Stelle des père la chaise zu Paris, ein prächtiges Monument mit einer pathetischen Inschrift, welche also schloß:

„Seine untröstliche Witwe, Frau Cabochard,
hat dies Monument zu seinem Andenken errichtet,
sie setzt das Geschäft ihres Mannes fort im
alten Geschäftslokal, 187 Rue mouffetard."

Ein Herr, welcher diese Inschrift gelesen, ging, von Neugierde getrieben, um die Witwe des verstorbenen Händlers Cabocharb aufzusuchen. An Nr. 187 Rue mouffetard angekommen, fragte er einen dort beschäftigten Mann nach der Witwe Cabocharb. „Sie sind am rechten Ort", entgegnete der Gefragte.
„Verzeihen Sie, ich wünsche die Dame persönlich zu sehen."
„Herr, ich bin die Witwe Cabocharb."
„Sie verstehen mich nicht, ich wünsche die Witwe zu sehen, welche ihrem verstorbenen Manne das Denkmal auf dem père la chaise gesetzt hat."
„Ich verstehe", war die lächelnde Antwort, „erlauben Sie mir, Ihnen mitzuteilen, daß der Händler Pierre Cabocharb eine Mythe ist, eine fingierte Person, und folglich keine Witwe hinterlassen haben kann. Der Stein, welcher ihnen gezeigt wurde, kostete mich ein gutes Stück Geld, aber er ist, obgleich niemand unter dem Monument beerdigt ist, eine gute Reklame und ich habe keine Ursache, die Ausgabe zu bereuen. Nun, Herr, womit kann ich Ihnen geschäftlich dienen?" —

Die Kunst, auch den Tod der Reklame dienstbar zu machen, wird durch folgende Todesanzeige illustriert, die in einer spanischen Zeitung zum Abdruck kam:

> Diesen Morgen nahm der Herr hinweg den Juwelier **Siebald Zumaya**, aus seinem Arbeitslokal zu einem andern und in eine bessere Welt. Die Unterzeichnete, seine Witwe, wird weinen auf seinem Grabe, gleichwie seine zwei Töchter, Hilba und Emma, von denen die erstere verheiratet, die letztere hingegen noch frei für einen Antrag ist. Das Begräbnis findet Morgen statt. — Seine tiefbetrübte Witwe **Veronika Zumaya**. P. S. Das traurige Ereignis wird auf unser Geschäft keinen Einfluß haben, es wird fortgeführt wie zuvor, nur unser Geschäftslokal wird verlegt werden von No. 3 Tessi de Teinturiers nach No. 4 Rue de Missionaire, da unser habsüchtiger Mietsherr den Mietzins gesteigert hat.

Einmal mit Grabsteinen, Todesanzeigen und dergleichen beschäftigt, wollen wir noch der Reklame eines amerikanischen Leichenbesorgers gedenken, welcher an leidende Personen folgendes gedruckte Rundschreiben versendete:

„Werter Herr! Da es eine allbekannte, leider unumstößliche Thatsache ist, daß Sie mit Eile sich den Pforten des Grabes nahen, halte ich es nicht für unangebracht, Ihre Aufmerksamkeit auf mein reiches Lager fertiger Särge hinzulenken und sollte es mich freuen, wenn Sie Ihre Angehörigen oder Freunde bestimmen wollten, Ihre Leichenausstattung in meinem wohlrenommierten Etablissement bewirken zu wollen." Anbei folgte eine genaue Liste des Zubehörs zu einem „first-class funeral."

Eine andere amerikanische Firma rühmte sich ihrer „bequemen und komfortablen Särge", und konstatiert ferner, daß alle Diejenigen, welche Grabsteine aus ihren Werkstätten gekauft, „mit Stolz und Genugthuung auf die Gräber ihrer Freunde blicken."

Eine zur Ausbeutung der großartigen Marmorbrüche in Utah gebildete Gesellschaft erließ an ihre amerikanischen Mitbürger ein Zirkular, worin unter anderem der nachstehende anheimelnde Satz sich findet: „Wir besitzen genug des schönsten Marmors, um jede Person in den Vereinigten Staaten mit einem Grabsteine erster Klasse zu versorgen. Das einzige, was wir jetzt wünschen, ist: einen Markt dafür zu haben."

Ein Leichenbestatter in London zog aus dem Adreßbuche Hunderte von guten Adressen und sandte an jede einzelne derselben ein Telegramm, in welchem er darauf aufmerksam machte, wie billig er eine Leiche bestatte. Einige der mit diesem Telegramm Beglückten saßen gerade beim Essen, andere standen im Begriffe auszugehen oder das Theater zu besuchen, andere waren beim Ankleiden, doch in welchen Beschäftigungen sich die betreffenden auch befinden mochten, in ihrem Gedächtnisse prägten sich

Ein Pariser Kammerjäger.

unauslöschlich der Name und die Preise des Leichenbestatters ein, und er erhielt zahlreiche Zuschriften, in dieser Weise nicht wieder zu telegraphieren.

In Islington stellte ein Leichenbestatter in seinem Schaufenster einige künstlerische Leistungen seiner Kinder aus, welche dem glücklichen Vaterherzen wohl besonders imponiert haben mochten. „Master Alfred, aged 12 years" hatte ein schauerliches Knochengerüste produziert, garniert mit Würmern und gekreuzten Gebeinen; und „Miss Bessie, aged 10 years" hatte in Farben ein Stillleben gemalt, das Ende eines Sarges, daneben Schrauben, Nägel, Schädel und eine Sanduhr, alles rechts und links hübsch gruppiert. Die Zeichnungen waren eingerahmt und väterlicher Stolz hatte ihnen die besten Plätze im Schaufenster angewiesen.

Wie viel freundlicher berührt hingegen die Reklame jenes Pennsylvanier Bierbrauers, welcher an die Mauern eines Kirchhofs in großen weißen Lettern die Mahnung setzte: „Use Jones' Lagerbier, if you would keep out af here!" „Wollt Ihr außerhalb dieser Mauern bleiben, so trinkt Jones' Lagerbier!"

Wie Leichenbitter und Grabsteinfabrikanten, so haben auch die Aerzte ihre Reklamen.

Das elegante Wartezimmer des Arztes ist dicht besetzt, ein Livreediener verteilt Nummern, welche die Reihenfolge des Einlasses regeln, man bekommt Nummer 35 — die Nummern fangen eben bei 25 an. Endlich fährt ein Wagen vor, eine elegante Equipage — der Herr Doktor kommt. — Tam=Tam. Man kennt sein Koupee in der Stadt, in deren Straßen es den ganzen Tag herumfährt, was muß der Mann zu thun haben! Tam=Tam. Während man mit dem berühmten und vielbegehrten Arzt spricht, erscheint der Diener wieder, um leise — aber immerhin noch hörbar — zu melden, daß der Diener des Fürsten Orozoff da sei, um irgend eine Bestellung auszurichten, oder dergleichen. Tam=Tam.

Ein amerikanischer Zahnarzt ließ vor einiger Zeit sogar folgendes Geschichtchen verbreiten: Eine junge Irländerin, die durch einen Unfall sämtliche Vorderzähne verloren hatte, ließ sich bei dem Dentisten ein künstliches Gebiß anfertigen. Aber siehe da! dasselbe verschönte die Dame in so hohem Grade, daß der Zahnarzt — von dem Reiz dieser Perlenzähne gefangen genommen — sich sterblich in seine Klientin verliebte. Vierzehn Tage darauf führte er sie heim.

Das ist wieder der Stil des Meßbudenrekommandeurs, der dem staunenden Landvolk den Anblick eines „Fischweibes" verspricht — während die Bube nur einen armen Seehund birgt.

Geistreicher verfuhr ein anderer junger amerikanischer Arzt, der sich in einer Stadt im Westen niedergelassen hatte. Derselbe machte bekannt, sein Hund habe sich verlaufen und bot dem Wiederbringer eine Belohnung von 300 Dollars. Er besaß gar keinen Hund und wollte nur die Aufmerksamkeit der Menschen auf sich lenken.

Welch seltsame Wege die Reklame mitunter einschlägt, möge aus nachfolgender Erzählung des hierbei hauptsächlich Beteiligten erhellen.

„Eines schönen Tages", so berichtet unser Gewährsmann „Gartenlaube" 1868, S. 144), „trat in den Tuillerien ein Mann auf mich zu und sagte lebhaft aufgeregt: „Mein Herr, ich habe eine Bitte, Sie dürfen mir dieselbe nicht abschlagen."

„Und worin besteht dieselbe?"

„Begleiten Sie mich nach meiner Wohnung, dort sollen Sie alles erfahren."

Ich muß gestehen, daß diese Forderung mich frappierte. Kurz angebunden erwiderte ich: „Was soll ich in Ihrer Wohnung? Ich habe keine Lust Abenteuer zu bestehen."

„Aber lieber Herr, es handelt sich ja nur um ein Geschäft, ein solides, ich denke, daß Sie es nicht von der Hand weisen werden. Folgen Sie mir nur; ich wohne Rue Rivoli, also ganz in der Nähe."

Ich war neugierig geworden. Was konnte mir in einer so belebten Straße am hellen Tage geschehen? Uebrigens hatte ich ja auch meinen Stockdegen bei mir. So ging ich denn mit dem Manne, welcher mich in seine Wohnung führte, in ein reizendes Kabinett, das ein Künstler bewohnen könnte. Hier nannte er sich mir, zog einen langen Papierstreifen aus der Tasche, nahm mein Maß und verschwand, um bald nachher mit einem höchst eleganten Anzuge zurückzukehren.

„Erzeigen Sie mir die Gunst, diesen Anzug anzulegen —"

„Aber, Herr L., wozu soll ich —?"

„Sie werden alles erfahren, sobald Sie angekleidet sind."

Londoner Händler mit Fliegenpapier.

Hierauf ergab ich mich in mein Schicksal und vertauschte meine abgetragenen Kleider mit den neuen. Als ich fertig war mit Ankleiden, führte Herr L. mich vor einen großen Spiegel und sagte stolz: „Nun, mein Herr wie sehen Sie jetzt aus?"

„Ich sollte meinen, nicht ganz übel."

„Was? Wie ein junger Gott! Dazu Ihr Anstand, Ihre Art, sich die Handschuhe anzuziehen, man sollte schwören, Sie wären von Abel oder ein Künstler!"

„Das letztere zu sein, kann ich mich nicht rühmen, aber das Wörtchen „de" darf ich vor meinen Namen setzen."

„Sie entzücken mich, Herr von —"

„Dumarsais", schaltete ich ein.

„Ach, jetzt weiß ich, ließ Ihr Herr Oheim nicht bei R. arbeiten?"

„Allerdings".

„Haha, das ist köstlich! Hat keinen Geschmack, dieser R. Nun weiß ich auch, daß — daß — verzeihen Sie, Herr von Dumarsais, das Sie nicht reich sind".

„Leider muß ich sagen: so ist es!"

„Nun, desto besser für mich; erzeigen Sie mir die Ehre, eine Flasche Wein mit mir zu trinken, wir können dabei den Kontrakt entwerfen."

„Wein will ich mit Ihnen trinken, aber was wollen Sie mit einem Kontrakt, Herr L.?"

Der Wein stand auf dem Tische, Schreibgerät daneben, Herr L. schenkte mir ein, dann sich und fing an zu schreiben. Es ging ihm gut von der Hand und bald las er mir folgendes vor:

„L., Direktor des Kleidermagazins in der Rue Rivoli, und Herr von Dumarsais schließen freiwillig nachstehenden Vertrag: Herr L. liefert Herrn von Dumarsais ein Jahr hindurch unentgeltlich jeden Monat, oder wenn es Herr L. für gut findet, noch öfter einen vollständigen neuen Anzug nebst dazu gehöriger Wäsche; dafür verpflichtet sich Herr von Dumarsais, diese Anzüge täglich zu tragen, bei schönem Wetter mehrere Stunden sich auf den besuchtesten Plätzen und Promenaden zu zeigen, die ersten Kaffeehäuser zu besuchen und wöchentlich zwei- bis dreimal in den ersten Hotels zu dinieren. Ferner verpflichtet sich Herr von Dumarsais, bei schönem Wetter im Boulogner Wäldchen zu reiten und sich mit anderen jungen Herren von Stande bekannt zu machen. Da jeder, der Geschmack hat und etwas vom Anzug versteht, sich nach dem Magazin erkundigen wird, aus welchem Herr von Dumarsais seine Garderobe entnimmt, so hat derselbe das L.'sche zu nennen, als solid und billig zu preisen und seine Freunde zu Herrn L. zu führen. Zur Bestreitung seiner Ausgaben empfängt Herr von Dumarsais monatlich fünfhundert Franken."

Ich lachte laut auf und fragte Herrn L., ob er klug sei?

„Vollkommen!" entgegnete er. „Mein gefährlichster Konkurrent, Herr R., hat mir meine besten Kunden entzogen durch Reklamen aller Art. Ich habe es herausgebracht, daß er einige Künstler von Ruf bestochen hat, seine mittelmäßige Arbeit zu tragen und zu empfehlen. Da kam ich auf den sublimen Gedanken, ich suchte mir einen jungen, tadellos schönen Mann; in Ihnen, Herr von Dumarsais, habe ich denselben gefunden. Ihre schlanke Gestalt wird meine Anzüge in das gehörige Licht stellen, und da jeder eitel ist, so denkt auch jeder, daß ich im stande bin, durch Kleider, die aus meinem Atelier hervorgegangen sind, seine Figur zu verschönern. Schlagen Sie mein Anerbieten nicht aus, Herr von Dumarsais!"

Nun, ich nahm es an, ging und ritt spazieren in den schönen Anzügen und führte Herrn L., der sich zwar Direktor nennt, aber selbst zuschneidet und sein Handwerk gründlich versteht — viele Kunden zu." —

Derselben Vereinbarungen soll sich, einem on dit zufolge, auch ein großes Berliner Haus bedienen und müssen sich die Auserwählten, Herren und Damen von schöner Figur und feinem gesellschaftlichen Benehmen, verpflichten, die Sommermonate in den bedeutenderen Badeorten zu verbringen und dort für ihr Haus zu wirken. —

Höchst originell ist, wie ein Feuerversicherungsagent für seine Gesellschaft Propaganda machte. Er sandte an die noch nicht bei der Gesellschaft versicherten Bewohner eines Dorfes Brandbriefe folgenden Inhaltes:

„In nächster Zeit wird Feuer gelegt. Das ganze Dorf muß brennen. Die Besseren mögen sich vorsehen, die Schlechteren mögen abbrennen.

Einer von der Feuerbande."

Natürlich setzten diese Schreibebriefe das ganze Dorf in Alarm, und erschien nunmehr nach einigen Tagen der Agent, so konnte er sicher sein, nicht umsonst zu kommen.

Sein Verfahren, die Angst als Reklamemittel auszunutzen, ähnelt vollkommen dem eines amerikanischen Reisenden, der auf den abgelegenen Farmen erschien, sich mit den Farmern in ein Gespräch einließ, aus dem gemeinsamen Kruge trank und zum Schluß durchblicken ließ, wie sehr er — an der Krätze leide. Allgemeiner Schreck der Landleute. Da erscheint im richtigen Augenblick ein Hausierer. Von allen seinen Waren interessiert nichts die Farmer, die in den Gliedern schon ein verdächtiges Jucken zu spüren meinen. Aber vielleicht hat der Hausierer ein Mittel gegen die abscheuliche Krankheit. Ja, er hat eins, aber es ist die letzte Büchse und sehr teuer. Er setzt die Salbe ab und zieht seines Weges weiter, dem Genossen nach, um bei der nächsten Farm dasselbe Manöver zu wiederholen.

Sicherlich genial ist auch der Geschäftskniff, dessen sich der Chef einer Weinfirma bedient. Derselbe, ein in den besten Jahren stehender Mann von nicht übler Erscheinung, beantwortet seit Jahren alle in den öffentlichen Blättern enthaltenen Heirats=Annoncen in der Weise, daß er sich als höchst vorteilhafte Heiratspartie in Vorschlag bringt und die betreffenden Heirats=Kandidatinnen einladet, ihn kennen zu lernen, indem sie sein Geschäft besuchen, und eine, „wenn auch unbedeutende Weinbestellung" aufgeben. Die Damen acceptieren in der Regel diesen geistreichen Vorschlag, und so ist das Geschäftslokal seit Jahren der Sammelplatz alter Jungfrauen, junger Damen, heiratslustiger Witwen ꝛc., und die, wenn auch unbedeutenden Bestellungen, beschäftigen die Firma jahraus, jahrein.

(Aus den „Fliegenden Blättern".)

* * *

In keinem Lande sind neue Ideen, wenn sich deren Nutzen deutlich zeigt, leichter in den nervus rerum zu verwandeln, nach dem alle streben, als in Amerika.

Wer kennt nicht die Geschichte von dem Stiefelwichse=Fabrikanten in New=York, der wochenlang Leute in alle Läden sandte, um nach seinem Erzeugnis zu fragen, bis die Händler infolge der andauernden Nachfrage den Entschluß faßten, die Stiefelwichse zu beziehen und als meistbegehrteste zu verkaufen. Der Erfinder dieser Reklame hatte einen glänzenden Erfolg, weil er nicht ruhte, bis derselbe erzielt war. Das große Gebiet, auf dem er sich in der Weltstadt am Atlantischen Ozean bewegte, sicherte ihm denselben.

Des gleichen Manövers bediente sich auch Daubitz, als er seinen Magenbittern einzuführen begann. Ein eigens engagierter elegant gekleideter Herr, anscheinend dem Stande der Reisenden angehörend, hatte alle Bahnhofsrestaurants, alle Gasthäuser und Hotels zu besuchen, und ausschließlich Daubitz=Magenbittern zu verlangen. Derselbe war natürlich nicht zu haben und scheinbar indigniert verließ der unbefriedigt gebliebene Gast das Restaurant, nicht aber, ohne dem Inhaber desselben die Vorzüge des Daubitz=Likörs klargemacht zu haben. Dem ersten Reisenden folgte alsbald ein zweiter, ein dritter und vierter und da alle den neuen famosen Magenbittern forderten, beeilte der Wirt sich natürlich nunmehr schleunigst, diesen augenscheinlich vielbegehrten Artikel sofort zu verschreiben und denselben als hochfeine, vielgefragte Ware auch seinen übrigen Gästen anzupreisen. Auf diese Weise kam Daubitzscher Magenbitterer sofort in Gunst, Daubitz selbst legte so den Grund zu seinem großen Vermögen.

In welch raffinierter Weise mitunter für ein neues Fabrikat Reklame gemacht wird, mag auch folgende Geschichte beweisen.

In eines der feinsten Klublokale in New-York trat neulich ein mit übergroßer Eleganz gekleideter Herr und setzte sich an einen Tisch, an welchem sich eine Gruppe seiner Bekannten niedergelassen hatte. Er nahm an dem Gespräch lebhaften Anteil. Als die Herren eine Viertelstunde lang über Wettrennen und ähnliche interessante Gegenstände geplaudert hatten, bestellte der Hochelegante zwei Flaschen Champagner, wobei er dem Kellner genaue Vorschriften machte, wie der Wein auf Eis zu setzen und zu servieren sei. Als der Wein eingeschenkt wurde, hielt der Gastgeber noch eine hübsche, von Humor sprudelnde Rede, welche die Anwesenden in die heiterste Stimmung versetzte. Kaum hatte er jedoch das Glas an seine Lippen gesetzt, als er mit allen Geberden des Abscheus das Glas nebst Inhalt auf die Erde warf, daß die Glasscherben klirrten. Er räusperte sich und spuckte noch eine Weile, und alle Anwesenden im Klublokale befanden sich in einem Zustande hoher Aufregung über den sonderbaren Vorfall.

Der feine Herr beruhigte sich endlich und sagte: „Das ist ja ein bestialischer Wein, Jungens. Ich weiß nicht, wie viele Male ich schon gewarnt worden bin, diese Sorte Champagner niemals mehr zu kaufen, und ich werde es auch nicht thun. Hier, Kellner, nehmen Sie dies fort und bringen Sie uns diese und diese Sorte (er nannte dabei den Namen). Das ist der einzige trinkbare Champagner. Ich sage Euch, Jungens, der andere trinkt sich schrecklich. Es gab eine Zeit, daß ich nur jene Sorte trank, aber die Zeit ist jetzt vorüber."

Der andere Wein wurde gebracht und ausgetrunken. Einige Minuten später verließ ein anwesender Fremder mit seinem Freunde, einem alten Mitgliede des Klubs, das Lokal. Als sie auf der Straße waren, erzählte der Klubmann:

„Die Geschichte mit dem Wein ist ein alter Kniff, obgleich ich ihn in dieser Form früher noch nicht gesehen habe. Jener Bursche ist ein Agent für die Champagnersorte, welche er zuletzt bestellt hat. Er gehört zu einem halben Dutzend Klubs, und sein ganzes Geschäft besteht darin, sich im Winter in der Stadt und in der wärmeren Jahreszeit in den Sommerresorts herumzutreiben und die Klubleute zum Trinken seiner Champagnersorte zu animieren. Seine Firma spart kein Geld, damit er seinen Zweck erreichen kann. Die größten Weinhandlungen im Lande unterhalten einen solchen Klubmann in New-York, Philadelphia, Boston und Chicago. Das Salär beträgt 20 bis 50 Dollar die Woche; außerdem werden ihm sämtliche Unkosten für den Wein, den er traktiert, zurückerstattet. Die Stellung erfordert Takt und seltene gesellschaftliche Eigenschaften, denn wenn es erst einmal bekannt würde, daß ein „Gentleman" dafür bezahlt wird, damit er den Wein anderer Firmen schlecht mache, dann wäre es für allemal mit seinem Einfluß vorbei. Er verbraucht außer seinem Gehalt vielleicht 10,000 Dollar jährlich, doch könnte ich vier Leute in dieser Stadt nennen, von denen jeder einer Weinhandlung 100,000 Dollar jährlich wert sein würde. Es wäre dabei gar nicht nötig, daß sie sich in den Klubhäusern herumtrieben; es wäre nur nötig, daß sie ein Jahr lang nur eine bestimmte Sorte Wein im Hause halten und keinen andern Wein trinken würden. In einem halben Jahr würde kein einziger Geldprotze in der Stadt es wagen, andern Wein zu trinken als jene vier Leithämmel."

Eine nicht minder raffinierte Geschäftsreklame hat eine Firma in Verviers im Oktober 1885 zu stande gebracht. Sie überschwemmte ganz Belgien resp. alle Familienväter und Mütter mit einem Zirkular, an dessen Spitze sich die Worte befanden: „Ehre dem Vaterlande und dem belgischen Volke". Das Haus, eins der „bedeutendsten" Belgiens, teilt darin mit, daß es die Baisse in den Urstoffen dazu benutzt hat, um eine ungeheure Quantität Gewebe anzufertigen. Nachdem der Tod den einzigen Sohn und Erben, jetzt im 19. Lebensjahre, dahingenommen, haben seine Eltern, „Besitzer eines ungeheuren Vermögens", beschlossen, ihre Waren zu Gunsten der Arbeiterklasse unter der Hälfte des Wertes zu verkaufen, und diese somit selbst an dem Gewinn der Liquidation zu beteiligen. Um diese „edle" Absicht auszuführen, sind für jede belgische Provinz 10, im ganzen also 90 Reisende, engagiert worden, die nach dem Prospekt alles zur Hälfte des Wertes verkaufen. Ja, jeder Arbeiter, der ein Stoffbeinkleid kauft, erhält für 50 Centimes (40 Pf.) Nachzahlung eine Arbeitshose „erster Güte". Da bis jetzt noch jeder, der auf die Dummheit der Menschen spekuliert hat, die besten Geschäfte machte, so fehlte es auch diesem Schwindel nicht an Erfolg.

In Whitechapelroad (Ostende von London) hatte ein Schuhmachermeister das Bedürfnis, sich durch eine Geschäftskarte seinen vielen Freunden und Gönnern in Erinnerung zu bringen. Die in echt englischer Manier gedruckte Karte enthielt das folgende: „Unterzeichneter fährt fort, wie schon seit 29 Jahren, chirurgische Operationen an alten Stiefeln und Schuhen auszuführen, neue Füße ansetzend und damit das ganze Bein wieder herstellend, aber auch gebrochene Beine verbindend und verwundete heilend, damit die ganze Konstitution aufs neue befestigend und dem Körper durch neue Sohlen wieder soliden Halt gebend. Seine Gummizüge gleichen in Dehnbarkeit einer Parlamentsakte, seine Stiefeletten werden aber allen denen außerordentlich gut sitzen, die nur auf dem Pfade des Rechtes und der Ehre wandeln; dabei ist ihre Dauer eine ewige, gleich die der Wahrheit, und den Fuß zieren sie wie die Unschuld das Gesicht des Kindes." — Man wird beim Lesen obiger Zeilen die Ueberzeugung gewinnen, daß dieser Schuhmacher sich nicht nur des Pechs, sondern auch der Druckerschwärze zu bedienen weiß.

Ein amerikanischer Schuhmacher lancierte folgende Anekdote in die Zeitung: „Der Kapitän William Crakson und der Ingenieur Philipp Metrokins sollten sich duellieren. Da dem letzteren die Wahl der Waffen zustand, so forderte er einen Zweikampf auf — Dynamit. Sehr früh am Morgen des festgesetzten

Tages fanden sich die zwei Gegner, von denen jeder 5 Dynamitpatronen bei sich trug, auf dem Kampfplatz ein. Die Zeugen kletterten alsdann auf die höchsten Bäume und das Duell begann. Die zwei ersten Patronen übten keine Wirkung aus; dagegen war das Platzen der dritten ein unbeschreiblich fürchterliches, entsetzliches! Die Zeugen kletterten dann schleunigst von ihrem Beobachtungsposten wieder herunter. Cralson war buchstäblich zu einem Brei zermalmt worden und Metrokins war von der Erde — verschwunden ... Alles, was man von den Duellanten noch aufgefunden hat, das waren ihre Stiefel, die unversehrt dalagen und ein Fabrikat der Firma X.... & Co. sind. Die Zeugen haben alsdann erklärt, daß der Ehre vollkommen Genüge geschehen sei."

Gleichfalls echt amerikanisch ist folgendes Reiseabenteuer: „Aus wolkenlosem Himmel sendete Phöbus Apollo in blendender Schönheit seine goldenen Strahlen hernieder. Nur kosende Zephyrwinde tändelten mit den spielenden Wellen des unendlichen Ozeanes. Am Maste der „Thetis" lehnte eine Göttergestalt, krausköpfig und mit feurigen Augen, die jetzt freilich sehnsuchtsvoll nach dorthin schauten, wo soeben die letzte Bergkuppe des Gestades in den kühlen Schoß des Meeres niedergesunken. Zurückgelassen hatte er dort, die seinem Herzen das Teuerste und deren thränenerstickter Abschiedsruf: „Auf glückliches Wiedersehn!" ihm immerfort im Ohr klang. „Ja, auf glückliches Wiedersehn, mein Liebling du!" flüsterte er und wandte sich den Matrosen zu, die seinem Befehle gehorchten. Es senkte sich die Nacht hernieder, und darnach stieg der Sonnenball in rosiger Glut wieder empor. Ein herrlicher Tag folgte dem andern, am 7. Morgen aber zeigte sich am Horizonte ein Wölkchen, zuerst unscheinbar und klein, doch bald anwachsend mit unheimlicher Schnelle. „Alle Segel gerefft!" Und kaum ist dem Befehl Genüge gethan, da fährt auch schon die Windsbraut herbei, heulend und zischend, und wälzt donnernd die brandenden Wogen gegen die Flanken des Schiffes. Der Mast zersplittert, das Steuerruder zerbricht und — ein Spielball der erzürnten Wogen — wird willenlos die „Thetis" umhergeworfen. „Land in Sicht!" tönts plötzlich, und krachend zerschellt das Schiff auf den schneidigen Riffen. Mitleidige Wellen aber werfen unsern Apoll an unbekannten Strand. Gerettet! Doch nein! Da stürmt eine schwarze Rotte tobschnaubend herbei. Ehe sie aber ihr Mordwerk beginnen, mustern die Blutgesellen das Schlachtopfer von Kopf bis zu Füßen. Und jetzt — Wunder! Anstatt das gezückte Messer in die wehrlose Brust zu bohren, stürzen sie bemütig nieder mit emporgehobenen Händen. Was wandte aber den Sinn? Sie erblickten in der Fußbekleidung des jungen Mannes, die trotz des Salzwassers spiegelblank geblieben, ihr eigenes Bild und hielten den Träger der Stiefel für einen Gott. „Ich werde dich wiedersehn, mein Liebling!" sprach er, zu den Stiefeln niederblickend. „Und ihr habt mich gerettet, die ihr behandelt seid mit — der weltberühmten Glanzwichse von Jonathan Brothers,
                                                          New-York, Broadway."

Höchst originell ist auch folgende Yankee-Aufschneiderei. „Als ich noch ein ganz junger Mensch war", erzählte der Colonel B. eines Tages, „wohnten meine Eltern in Illinois. Wir hatten ein Stück Waldland klären müssen und die ganze Farm war voll dicker Baumstumpfe. Wir aber säten unser Korn dazwischen hinein und erzielten eine ganz respektabele Ernte. Im zweiten Jahre half ich schon mit pflügen. Ich saß hinten auf dem Sitze meines Pfluges und trieb die Gäule an — es waren vier prächtige Braunen. Da kam mir einmal so ein Baumstumpf gerade in die Quere. Zurückgehen mochte ich nicht mit meinem Gespann, und so gab ich den Tieren ein gutes Wort und — Sie mögens nun glauben oder nicht — sie fuhrwerkten euch den Pflug mitten durch den Stumpf hindurch, als ob ein Käse gewesen wäre."

Keiner der Anwesenden bezeigte das mindeste Erstaunen. Major S. aber, der gelassen zugehört hatte, bemerkte in ruhigster, trockenster Weise:

„Sonderbar, aber mir ist es einmal ganz ähnlich ergangen. Schon in jener Zeit pflegte meine Mama unsere Kleider aus dem altrenommierten Geschäfte von Bronner Brothers zu entnehmen und sie behauptete oft, das Tuch dieser Kleider sei das stärkste im ganzen Staate. Eines Tages hatte ich genau in derselben Weise, wie soeben erzählt wurde, einen Baumstumpf durchpflügt. Aber der zähe Bursche war ein wenig zu geschwind für mich; er schnappte wieder zusammen, ehe ich noch recht auf dem Wege war, und klemmte mir das Gesäß meiner Hose ein. Ich kann Ihnen sagen, mir war eklig zu Mute. Aber ich ließ meine Ponnys die Peitsche kosten und — Sie mögens nun glauben oder nicht — sie rissen euch den Stumpf mitsamt den Wurzeln heraus. Eins oder das andere mußte ja nachgeben, und die Hose von Bronner Brothers war das Stärkere, verstanden?"

Den Vogel hat nun ein New-Yorker Konditor abgeschossen. Derselbe schildert, in welch erschreckender Weise im ganzen Lande die Mordthaten sich mehren, und schließt mit der Bemerkung, daß weit weniger heißblütige Menschen zu Blutthaten sich hinreißen lassen würden, wenn dieselben regelmäßig seine Eis-crême konsumierten. Wir glauben selbst, daß Menschen, die in der jetzigen Jahreszeit täglich „Gefrorenes" zu sich nehmen, unter allen Umständen kühl bleiben werden.

Neben Reklame dieser feineren Art laufen mitunter auch burleske Leistungen der Phantasie durch die Journale. So berichtet eine solche:

„Einige Malayen hatten auf der Jagd ein Krokodil aufgestöbert. Das Ungetüm war bereits an mehreren Stellen verwundet, als es von der Kugel eines der Jäger in den Bauch getroffen wurde. In demselben Augenblicke erklangen wunderbare Töne, die sich zu einer reizenden Melodie gestalteten. Einige Minuten standen die Malayen überrascht still, dann warfen sie plötzlich die Waffen weg, faßten nach ihren Frauen und begannen zu tanzen. Auf den Erzähler dieser wahren Geschichte mußte dies begreiflicherweise um so eigentümlicher wirken, als die Musik, die aus dem Wanste des Ungeheuers quoll, nichts anderes als der bekannte Gisela-Walzer war. Es war dies jedoch der Schwanengesang des Tieres. Mühsam schleppte es sich zum Rande des Flusses, um dort zu verenden. Als der Walzer zu Ende war, nahmen die Malayen die Untersuchung des Drachen vor. Der Europäer leitete diese Operation. Welche Ueberraschung! Das Organ, welches die harmonischen Silbertöne hervorgebracht, war nichts als eine musikalische Dose, deren Drücker offenbar durch die Kugel des Malayen getroffen worden war. Wie aber war die Dose dahinein gelangt? Die entsetzlichsten Vermutungen drängten sich den Gedanken aller auf. Die Dose trug die Marke des deutschen Fabrikhauses Swoboda, Oppenheim und Ko. Frankfurt a. M. Auf dem Deckel war der Name des früheren Eigentümers eingraviert. Hatte nun das Krokodil die Dose mit ihrem Eigentümer oder ohne denselben verschlungen? Hatte es den Mann bereits verdaut, die unverdauliche Dose aber bei sich behalten? Es ist das ein Geheimnis, welches vielleicht niemals aufgeklärt werden wird. Dagegen freuen wir uns, mitteilen zu können, daß Musikdosen jener Firma hier am Orte zu haben sind, und zwar bei Traber und Ko., Murraystreet."

Recht geschickt erdacht war auch folgende Reklame. Mitten unter den Inseraten eines großen New-Yorker Blattes stieß man eines Tages auf eine völlig leere Spalte, an deren unterem Ende ganz klein die Worte gedruckt standen: „Dieser Raum war an die Herren Brennan verkauft, da aber ihr Geschäft von Kunden überlaufen wird, so haben sie auf alle Inserate verzichtet."

Ein spekulativer Yankee verteilte im vergangenen Jahre an alle Kirchen und Kapellen Gebetbücher, in denen auf jeder Seite sein Fabrikstempel abgedruckt stand.

Ein biederer Kolonialwarenhändler in Leeds gab seiner Verehrung vor der Muse Charles Dickens' dadurch Ausdruck, daß er einen der beliebtesten Romane dieses Schriftstellers in ganz kleiner Schrift auf 200 zweispaltige Seiten drucken und an das Publikum massenhaft verteilen ließ. Um nun aber das Nützliche mit dem Angenehmen zu verbinden, hatte der erfinderische Kopf am Schlusse einer jeden Seite eine Empfehlung irgend eines in seinem Geschäfte zu erstehenden Artikels, als Kaffee, Thee, Zucker, Schokolade 2c. mit Preisangabe anbringen lassen. Das Publikum war für die Darbietung der Lektüre nicht undankbar und entschädigte den Kaufmann durch Entnahme von Waren für seinen drolligen Einfall.

Ein Londoner Kaufmann (Materialist) gibt jedem seiner Kunden wöchentlich gratis eine Nummer eines acht Seiten haltenden Blattes, welches er auf seine Kosten eigens redigieren und drucken läßt und dessen Inhalt eine Mischung von Fabeln, Märchen, Novellen, Gedichten, Schauer- und Geistergeschichten 2c. ist. Ellerby und Komp. ist die Firma dieses Thee- und Kaffeelieferanten, der dieses Mittel mit Erfolg benutzt, um teils Kunden anzuziehen, teils seine Waren anzupreisen, wozu ihm die erste und letzte Seite seines „Journals", wie er es stolz nennt, prächtig dient.

Kürzlich führte mich mein Weg durch Holborn, eine der Hauptpulsadern Londons. Ich sah einen dichten Menschenknäuel um zwei oder drei Männer versammelt, welche — soweit ich es aus der Ferne zu erkennen vermochte — dicke Stöße von Zetteln unter dem Arm hatten und diese an die Umstehenden verteilten. Glaubend, daß dies eine der gewöhnlichen, auf den Straßen verteilten Zettelannoncen sei, wie sich Aerzte, Kaufleute, Schnittwarenhändler, Schneider und Schuhmacher derselben bedienen und deren man zwei bis drei Dutzend in einem Zeitraum von zehn Minuten in Empfang nehmen kann, wenn man sonst will, wollte ich vorbeipassieren, als meine Aufmerksamkeit durch die eigentümliche Form dieser „Handbills" (so nennt man sie) erregt ward. Mit Mühe gelang es mir, eines Exemplars mich zu bemächtigen. Was glauben Sie, konnte es sein? Sie würden es schwerlich erraten.

Ein Halskragen von Papier, prächtig weiß, nach dem neuesten und fashionabelsten Schnitt, dessen innere Seite ganz zierlich bedruckt war und die Annonce eines Friseurs und Parfümeriehändlers enthielt. Viele Jungen befestigten sich den erbeuteten Kragen sofort am Hemd. Dies ist nun eine ganz neue Art der Straßenannonce, neuer jedenfalls als die Wechselannonce, welche auch sehr ingeniös ist und darin besteht, daß Kaufleute sich Etiketten sehr fein drucken lassen, welche genau die Rundung eines Penny haben; diese werden dann auf die eine Seite der großen Kupfermünze geklebt und kommen so beim Herausgeben in die Hände des kaufenden Publikums.

Es erinnert derartige Reklame an jenen Wohlthätigkeitsverein in Boston, der vier Schneider in seinem Dienste hat, welche die Verpflichtung haben, während des Winters in den ärmeren Stadtteilen umherzugehen und allen Leuten, welche Löcher an den Aermeln, Beinkleidern ꝛc. haben, dieselben mit dicken Tuchstücken gratis zu flicken. Das wäre an und für sich ein sehr lobenswertes Werk, wenn mit demselben nicht folgender echt amerikanischer Kniff verbunden wäre. Die Tuchflicken nämlich, die übrigens sehr dick und von ausgezeichneter Qualität sind, tragen in großen Buchstaben, deren Farbe je nach der Farbe des Stoffes verschieden ist, Annoncen, in denen allerhand Heilmittel, Heiratsbüreaus, Versicherungen u. s. w. angepriesen werden.

Als Parodie hierauf schlug ein Bostoner Blatt auch eine Nutzbarmachung von Kahlköpfen für die Zwecke der Reklame vor, deren Besitzer gegen ein angemessenes Honorar bereit seien, sich Geschäftsannoncen auf den kahlen Kopf malen zu lassen und sich darnach zu verpflichten, jahraus, jahrein mindestens viermal wöchentlich im Parketttraume eines Theaters oder Konzertlokals zu erscheinen und Sonntags regelmäßig eine Kirche, ganz gleich welchen Bekenntnisses — nur Synagogen orthodoxen Stils ausgenommen, da man dort mit der Kopfbedeckung sitzt — zu besuchen.

Nehmen wir an, daß diese Art des Annoncierens von einer größeren Anzahl der besten Anzeigekunden benützt wird, so würde das Parkett eines großen Theaters oder eines Opernhauses eine Mustersammlung von Anzeigen auf den glänzenden Herrenköpfen präsentieren. Da würde z. B. vorn in den ersten Sitzreihen, nahe dem Orchester, ein Kopf zu erblicken sein, der das eine Wort trüge: „Morissons Abführpillen." Nach wenigen Minuten würde sich in einer Nachbarreihe ein Kopf einstellen, auf welchem stünde: „Dr. Bull's Hustensirup." Als Dritter im Bunde käme dann der Mann, der „Castoröl" zu empfehlen die Aufgabe hätte. In den übrigen Sitzreihen läse man unter anderm: „Liebig's Baby=Food", „Levi Brothers' One-Price=Clothing", „Ayer's Sarsaparilla", „Analesis", „Rock and Rye", „Echter imp. Emmenthaler", „Steinway's Pianos", „Original=Budweiser", „Hamburger Tropfen", „Asphalt=Pavement", „Keine Hühneraugen mehr!" u. s. w. in buntem Gemisch auf den Köpfen der des Haarwuchses baren Herren im Parkett. In den Zwischenakten dürften dieselben freilich — das müßte im Kontrakt festgesetzt sein — ihre Plätze nicht verlassen.

Daß es in Amerika Leute gibt, die in der That vor einer derartigen Ausübung der Reklame keineswegs zurückschrecken würden, dürfte ein Fall erweisen, der sich im Jahre 1884 in Rochester im Staate New-York ereignete und der so eigentümlich war, daß er sogar telegraphisch an alle amerikanischen Blätter berichtet wurde.

Die Reklamehelden waren die Eigentümer eines Kleidergeschäfts und ließen dieselben, um Reklame zu machen, in ihrem Schaufenster — ein Brautpaar kopulieren.

Ein Rochester Blatt beschreibt diesen widerlichen Reklameaktus also:

„Die Union Clothing und Tailoring Co. beschloß, die Trauung im östlichen Schaufenster abzuhalten. Das ganze Schaufenster war geräumt und für die Gelegenheit passend eingerichtet. Zahlreiche Geschenke waren in geschmackvoller Weise ausgestellt. Noch vor 7 Uhr abends versammelte sich ein riesiges Publikum und bald war das Trottoir blockiert, um 8 Uhr war die Mainstraße von der Brücke bis zur St. Paulstraße dicht mit Menschen besetzt, und alles drängte sich hinzu, um die Trauung zu sehen. Genau zur festgesetzten Stunde marschierte der Hochzeitszug in das Schaufenster. Reverend Lansing Newman, ein Methodisten=Geistlicher, ging voran, gefolgt von dem Brautpaar und den nächsten Verwandten. Alle nahmen Platz und wurden von der Menge auf der Straße mit Hurra empfangen. Der Bräutigam war in einen schönen Anzug, Geschenk der Union Clothing Company, gekleidet. Rev. Newman vollzog die Trauung in geeigneter Form, worauf er ein kurzes Gebet sprach.

Nach der Zeremonie stellte der Geistliche den Anwesenden im Innern des Gebäudes das neuvermählte Paar vor, dann ging die übliche Küsserei — im

Schaufenster — vor sich. Das Brautpaar erhielt zahlreiche schöne Geschenke, außer dem Anzug des Bräutigams und dem kolossalen Ehebette der Union Clothing Company.(!) Nach der Hochzeit nahm das Brautpaar eine Kutsche und fuhr nach Worden's Restaurant, wo die Union Clothing Company ein elegantes Souper servieren ließ. Nach demselben fuhr man in das Grand-Opern-House, wo man auf Einladung des Direktors Truß einer Aufführung von „The Squire" in einer Loge beiwohnte. Später registrierte sich das Brautpaar im National-Hotel."

Genau dieselbe Reklame der Schaufenster-Trauung wurde im Sommer 1886 in Indianapolis ausgeführt. Als Geschenk erhielt das Paar, ein junger Bäcker Namens Otto Meyer und eine Eva Johnson, eine elegante Schlafzimmereinrichtung.

Reklamevignette eines amerikanischen Hutmachers.

Gastwirte, Restaurateure und Hoteliers.

Reklamevignette eines englischen Destillateurs.

Fast wie eine Anzeige aus neuerer Zeit, so klingt die Schrift an einem in Pompeji aufgefundenen Gebäude: „Ex hinc viatoriens ante turri xii inibi. Sarinus Publii cauponatur. Ut adires. Vale." Das ist: „Wanderer, gehe von hier bis zum 12. Turme, dort hält Sarinus eine Weinstube, besuche dieselbe. Lebe wohl."

Auf einer römischen Inschrift von Lyon heißt es: „Hier verheißt Mercurius Gewinn, Apollo Gesundheit, Septumanus Aufnahme nebst Frühstück. Wer einkehrt, wird es nicht bereuen. Wer vorübergeht, mag zusehen, wo er bleibe."

Derartige klassische Geschäftsreklamen sind in neuerer Zeit mehrfach nachgeahmt worden. Die Zeitungen berichteten kürzlich über eine lateinische Empfehlung eines gelehrten Breslauer Bartscherers. Als Gegenstück dazu wird aus Berlin geschrieben: In dem Schaufenster einer Zigarrenhandlung in der Stallstraße, die, als Verbindung zwischen der Universität und dem chemischen Laboratorium, der Anatomie und der Charité, von Studierenden sehr frequentiert ist, prangt folgendes Plakat: „Salvete cives academici omnes imprimisque fumantes. Facere non possum quin tabernam, in qua tobacus cigaraeque veneunt, a me patefactam esse et exornatam vos edoceam. Persuasum habete, me nunquam herbam et optimam et pretio dignissimam nobis non perhibiturum esse. Intrate igitur, emite, gustate, non enim dubito quin futurum sit, ut maxime delectemini. R., Olim civis academicus." („Herzlichen Gruß den akademischen Bürgern insgesamt, insbesondere Euch, die Ihr rauchet. Ich fühle mich gedrungen, Euch anzuzeigen, daß ich einen Zigarren- und Tabakladen eröffnet habe. Nehmet die Versicherung hin, daß ich Euch unabläſſig das beſte und wohlfeilſte Kraut verabreichen werde. Kommet darum zu mir, kaufet und prüfet, denn ohne Zweifel werdet Ihr eine große Freude daran haben. R., weiland akademiſcher Bürger.") Von anderen Dokumenten nachklaſſiſcher Latinität im Berliner „Quartier latin" regiſtrieren wir den Sinn=ſpruch, der eine Tabakhandlung ziert: „Tobacus studiosorum amicus" („der Tabak iſt des Stubenten Freund") und die freundliche Einladung, die ein Speiſewirt in der Karlſtraße ergehen läßt: „Intrate, nam hic panis et cerevisiae" („Kommet herein, denn hier gibt es Aßung und Bier"). Ob dem Verfaſſer das geflügelte Wort „panis et circenses" vorgeſchwebt? Denjenigen, die in den ſechziger Jahren in Berlin ſtudierten, dürfte wohl noch die Geſchäftsanzeige eines Händlers mit alten Sachen in der Erinnerung ſein, die ſie damals gar oft nach der Melodie „Blümlein traut" geſungen haben mögen. Sie lautete: „Scholem, nomine Schmul, commendat se, vestimentoum mercator, vestimenta vetusta venditurus stadtposta citatus gleich ba!" („Scholem, genannt Schmul, Kleiderhändler, empfiehlt ſich für den Ein= und Verkauf alter Kleider. Durch die Stadtpoſt herbeigerufen, iſt er gleich ba.")

Aehnliche, in der Schreibweiſe des ſechzehnten Jahrhunderts gehaltene In=ſerate ſind folgende:

Deutſchlatein.

Civibus academicis et omnibus fidelibus fratribus salutem.

Wissite fratres jocosi, ut cras apud hospitem optime notum

Augustum Muellerum

cognomine acad. „Dumüller"

Xhausis

magna

Exkegelatio gansarum

erit.

Cerevisia de omnibus sortibus habenda, optime trincanda, Wupptichi de nota benignitate, valde suffici;

Fressalia wurstifica et alia superfina, cuique mundenda,

Kellerinae „Maria et Martha" suavissimae omnes honor. gastos cum summa cordialitate et promtitate servabunt. (Caressire et cnipere in bacchas, armas aut aliorsum non licet!)

Canes cumbringere propter spectaculum depetitum.

Nunc commite omnes animi durstici et hungrici, ego vos erquiccam.

Deditissimus servus

Augustus Muellerus

cogn. „Dumüller".

Zum Helm.

Auff Aschermittwoch den 11ten Maerzen 1885

Eyn groſs
Roſs= und Viechmarkt.

Es ſoll in der güldenen Helmſtuben in Eutrützſch, ſo benamſet iſt „Ahnen=Salon",

ehn Heydenmäſsig luſtig Muſika mit Geſangeln

gehalten ſeynd von denen berühmten Minneſängersleut „Ronneburg", gleichalsda ſeynd vier holdſelige Frawen wie auch vier Mannsleut ſambt zween ſchwarzen Weibsperſonen, ſo gekummen aus denen Ländern von Aethiopia, gar lieblich ſingend: „Mutter, der Mann mit dem Koaks iſt da"; Anfang umb die Frühmetten ſchon umb Zehn Uhr.

Im Weiteren nachhero umb vier Uhr nach Mittagszeit in der groſsmächtigen Tanzlauben

eyn ſcharmutzirend
Ringelreygen wie Geſchlechtertanz,

worzu ſeynd geladen Alle ehrſam als artig Frehleyn wie Maennleyn der Stadt Lipzik. Imgleichen etzliche Kurzweyl, worbey ſaftige, auch gewürzte Speiſen als Getränke, benamſet: Gemetztes, Pfannkuchen, Kälbernes, Ziemer von Hirſchen und Reh, auch andere Schleckereyen, welcherley Alles auf's Fürnehmſte ausrichtet

Der gehorſchamſte Diener, auch Wirth im güldenen Helm.

Stierba.

Fisch- und Angelzettul
bey dem
altdeutsch Fischerfeste,
da werden seyn drey ergetzliche Fischzüg für alle führnemben, wohleblen Fischersleut, welche kommen geswommen und gekrebset

auff den 8. Märzen A. D. 1887

zum Fischteych im **Coburger Hoff** auff der Windmühlenstraßen, in eyner großen fischreychen Seestadt Lypzig.

⁂

Da wird seyn als ehrster Fischzug: Etzliche feyne Fischerstücklein, gespilet von denen Fischersleutten, so musicam männiglich gestudiret. Anderer Fischzug: Die Fischerliedleyn, von einem Fischersmann gesotten, so gern sollich Fische fangt. Die Fisch swimmen auff der Hinterseytten. Als dritt Fischzug: Eyn groß Fischessen von denen Fischen, so sich zuvor im Meer und Flusse verlustbahret, und nunmehro aus der Kuchel kommen, so daß allen schleckerhafften Fischersleut wohl wird, wie denen Fisch im Wasser. Darzu auch „Fischbräu", so die frommen „Franziskaner" bräu't habn. Nun seyd alleweyll lustig und sitzet nicht da wie der Stockfisch oder mit Dorschgesichtern.

Schmauszzettuleyn für daz groß Fischessen

mit allerley smorten, sottnen, räucherten, säuerlichen, polnischen und feyn zubereytten fischleyn, so zuvor im Weltmeer, wie in der Pleißen swommen. Aus der Rietschken aber seynd keine Fisch, denn da seynd faule Fische, die stehn in keyn guttem Geruch.

Daz ehrste Gericht: Dorsch, so im Meere swommen, mit eyner köstelin Buttertunken, darein lecker Senff menget, darzu Erdbirnen. Preys 50 Pfenning.

Daz ander Gericht: Eyn schlau Hecht, so sich aber doch hat fangen lassen, feyn smalzt in eyn Buttertunken und weyseblau sotten. Darzu auch Erdbirnen. Preys 50 Pfenning.

Daz dritte Gericht: Eyn fett Karpffen, der swimmt in eyn polnischer Tunken mit allerley Gewürznägleyn und Lorbeerblättleyn, sollich Kraut gefället denen Künstlern wohl. Preys 60 Pfenning.

Wend umb!

Daz viert Gericht: Eyn rund Aal, der sich wälzet in eynem geronnen Geschlapper, so der Franzos Gelée benamset. Preys 50 Pfenning.

Darzu weytter: Eyn gebacken Hering, so noch grün ist, auch eyn Hering in saurer Tunken mit Gürkleyn und Zwiewelen, und Etzlichem, kleyne Fischleyn ohne Köpff aber in Oel swimmend, sowie gerollete Möpse, welche nit bellen und beyßen, sondern gar köstelin zu beyßen sind. Daz seynd gute Gericht für sollich Leut, so statt Fisch ein Affen fischt haben.

Ehrst Liedleyn.

So von eynem zaghafftigen Fischersmann meldt.

(Mel.: War eynst eyn Riese Goliath.)

War eynst eyn junger Fischersmann,
Der stellt 'nem Fischleyn nach.
Er hielt die Angel ruhelos
In's Wasser Tag für Tag,
Bald hier und bald an jenem Ort,
Doch immer schwamm seyn Fischleyn fort.
„O", senffzt er, „liebstes Fischleyn meyn,
O Fischleyn, beyß doch an,
So lang ich dich nicht fangen hab',
Bin ich eyn armer Mann."

Das Fischleyn lacht den Fischer aus,
Und schwamm in's Wasser weytt hinaus.
Dem Fischer ward vor Herzeleyd
Die rothe Wange bleych,
Des Nachts im Traume quält ihn selbst
Seyn Fischleyn schön im Teich.
Das Fischleyn aber wandt den Kopff,
Und lachte aus den dummben Tropff.

Da, als er eynst am Wasser lag,
Wo schwamm seyn Fischleyn feyn,
Griff er mit kühn verwegner Hand
In's Wellenspiell hineyn.
Und hielt das Fischleyn muthig fest,
Das nie er wieder schwimmen läßt.

Das Fischleyn sprach: „O Fischerg'sell,
Merk dir die Lehre feyn,
Wer kühn greyfft und verwegen zu,
Der fängt uns Fischeleyn.
Jedoch eyn schüchtern stiller Tropff,
Der faßt keyn Fischleyn je beym Kopff."

Zweytt Liedleyn.

So von klugen und thörichten Fischern berichtt.

(Mel.: Da streytten sich die Leutt herum.)

Eyn jeder Mensch als Fischersmann
Nimmbt seyne Angel her,
Der fischt nach Würden, der nach Gold,
Nach eynem Backfisch der.
Bis eynst der Tod als Fischer spricht
Mitt kaltem Fischblutsinn:
:,: Hör' auff, du hast genug gefischt,
Leg' deyne Angel hin! :,:

Wer dann im Trüben hat gefischt,
Und faule Fische zog,
Im Fischthran satt seyn Leben lang,
Sich um den Fang betrog,
Der war keyn weyser Fischersmann,
Dem biß keyn Fischleyn an,
:,: Eyn Pereat dem Stockfisch, der
Nit besser fischen kann. :,:

Wir fischen aus des Lebens Teych
Der Freude Aal heraus,
Der Liebe Goldfisch bringen wir
Im Netze mit nach Haus.
Der Karpffen der Zufriedenheytt
Sich unsrer Angel naht,
:,: So wird das ganze Leben uns
Der schönste Fischsalat. :,:

Nun fischt all', lust'ge Fischerssleutt,
Ihr Fischerinnen fein,
Stellt euer Netz mit schlauem Blick,
Manch Fischleyn schwimmt hinein.
Ja, bis zum Morgengrauen sey
Die Angel heutt geführt,
:,: Denn was wir heutt zu viel gefischt,
Wird morgen marinirt. :,:

„Blühender Blödsinn" spricht auch aus einer zweiten Annonce des „gehorsamen Dieners, auch Wirten im gülbenen Helm".

Zum Helm.

Mittwoch den 10. Februar 1886
Großer
Volks-Maskenball.

Sämtliche auf das Prachtvollste dekorierten Festträume meines **Welt-Etablissements** werden punkt 7 Uhr abends geöffnet. In den von Kerzen-, Gas- und elektrischen Lichtwellen effektvoll durchfluteten Räumen des **Riesen-Konzert-** und **Ballsaales** beginnt die herangeströmte Menge des maskenreichen Publikums sofort bei den schmelzenden Sphärenklängen von 3 ununterbrochen wirkenden Musikkapellen den **Eutritzscher Schunkelwalzer: „Moritz** — zu bir ist mein liebster Gang ic." — Der Saal ist mit Hilfe der kostbarsten Stoffe von Seide, Tuch, Samt und orientalischer Teppiche in ein **ungeheures Zelt** verwandelt, an dessen Peripherie 120 mit herrlichem Grün und Weinranken aufs **Köstlichste** geschmückte **Weinlauben** zum Genusse der daselbst aufgespeicherten feinsten in- und ausländischen Delikatessen, Weine und anderen Leckereien mit unwiderstehlicher Gewalt einladen. **Um 10½ Uhr** gruppieren sich alle Paare zu einer allgemeinen Festpolonaise zusammen, an deren Spitze die **2 schönsten**, von ingeniösen Preisrichtern ausgewählten **Damenmasken** treten. Dieselben geleiten **preisgeschmückt** und jauchzend unter dem strahlenden Geschmeide frostigen Diamantenschattens (!) die gesamte Maskenwelt im Pilgerkleide über den sprossenreichen Spiegel des ächzenden Parketts hinüber zu den **Weinlaubenhekatomben**, (!) wo ihre als süßes Echo blutenden Ritter mit flüssigem Dolche rasche Liebe in das aufgeblätterte und blütenburchzitternde Herz träufeln, während Philomele, die goldenen Rebenfluten mit mattem Flügel flimmernd durchteilend, leise ihren Lauf versteinert.

 Im **Glaspalaste des neu restaurierten Wintergartens** finden Aufführungen von klassischen Tondichtern bis auf **Donna Theresa** herabkommend statt, während im **neuen Salon** bei den Klängen einer **Zigeunerkapelle** ein exquisites **Diner** eingenommen werden kann. Die festlich geschmückten **Parterrelokalitäten** sind für **jedermann** geöffnet.

Stierba.

Nicht übel ist auch folgende, durch Dienstmänner in den Straßen Berlins verteilte:

Einberufungs-Ordre.

Kameraden, Conkneipanten und Kampfesbrüder, mit dem Rufe

Avant la Bataille

fordere ich Euch alle als echte Freunde einer lustigen

„Herbst-Campagne"

auf, in Gesellschaft den

„Jüngsten Leutnant"

in seinem **Herbst-Quartier** Charlottenstrasse No. 23 aufzusuchen. Auf denn, **sattelt Euer Ross**, Ihr könnet Euch **parterre** auf den Chimborasso Eures Glückes hinaufträumen, darum säumet nicht und erscheint pünktlich von morgens 10 bis abends 10½ Uhr in den kriegerischen Zelten unseres Kampfplatzes, allwo die Bouteille eine grössere Rolle spielt, wie die „**Bataille**".

Nicht-Pünktlichkeit und das bekannte Vorschützen von Müdigkeit gelten nicht. Diese Ordre ist mitzubringen und dem Wachthabenden der betreffenden Truppengattung vorzuzeigen.

In der **Cantine und Marketenderei** werden von militärisch geschulter Bedienung, sogar auch aus Kamerun, in den Uniformen aller Truppengattungen ausgezeichnete Getränke serviert. Man spricht deutsch, französisch, russisch und englisch. Gegen Sonnenstich sind Vorkehrungen getroffen.

NB. Mitglieder des Vereins der „**Kreuzschnäbler**" finden besondere Berücksichtigungen.

Berlin, im August 1886.

Restaurant „Zum jüngsten Leutnant".

> # **Mord-**
> mäßig billig speist man im Restaurant des Sieben-Männerhauses.
> ## **1000 Mark Belohnung**
> demjenigen, der nachweist, daß er für weniger Geld irgendwo einen besseren und reichlicheren Mittagstisch aufgefunden habe.
> ☞ **Heute Schweinsknochen mit Sauerkraut.** ☜

Auf solche Weise machen sich in erster Linie auch die kleinen Restaurants breit. Tag aus, Tag ein regnet es in den Straßen der Hauptstädte, wo man geht und steht, Restaurantsreklamen, vorzüglich aber in der Stunde, welche der Essenszeit vorhergeht; dann ist es aber auch eine wahre Sündflut. Die Besitzer dieser und anderer ähnlicher, zur Sättigung der Hungrigen beitragenden Eßanstalten versprechen ihren Gästen goldene Berge. Ein Mittagessen zu 1 Mark 20 Pfg. z. B. besteht aus einem Teller voll Suppe, einer Portion Rindfleisch, einem Zugericht, einem Gericht Gemüse, einer Portion Braten, einem Teller voll Salat, einer halben Flasche Wein und Brot nach Belieben. Ein armer Teufel, der sich durch den niedern Satz verleiten läßt hinzugehen, verlangt und erhält auch der Reihe nach das auf der Reklame Verheißene. Aber in was für einem Zustande! Die Suppe — nicht versalzen, aber ohne Saft und Kraft — das Fleisch dürftig, trocken, kurz fabelhaft erschöpft — den Wein — um Gotteswillen, erlassen Sie mir die Analyse — —

> Mein Hals, der stets ein Weinkanal,
> Verwandelt sich zu meiner Qual
> In eine Wasserleitung!

In ähnlicher Weise, wie ihre europäischen Kollegen, verfahren auch amerikanische Herbergsväter. Hier eine Probe:

Thompson's Two-Bit House.
Keine Täuschung hier!
Zu essen im Ueberfluß, und hier ist Eure Speisekarte:
Drei verschiedene Sorten Fleisch zum Mittage, desgleichen für Frühstück und Abend. Schinken und Eier jeden zweiten Tag, und frische Fische, heißes Brot und Kuchen in Fülle. Eilt heran und schwatzt nicht über billige Boardinghäuser. Jetzt ist die Zeit, wo Ihr nach dem harten Winter die Falten aus Eueren Bäuchen los werden möget. — Kost und Logis 5 Dollars. Kost allein 4 Dollars.

Weit weniger liebenswürdig und vertrauenerweckend gibt sich folgende Reklame eines Hotelbesitzers in Idaho:

Konkurrenz ist die Seele des Geschäfts!

Aber wenn ich Dich unter die Fäuste bekomme, Du bettelhafter, alter Schuft, (das Kompliment ist auf den Besitzer eines konkurrierenden Hotels gemünzt), so schlage ich Dir den Schädel ein; verlaß Dich darauf.

Eine neue Aera ist angebrochen!

Kommt nach dem Union-Hotel und seht selbst. Alle Bequemlichkeiten, die der Mensch sich wünschen kann, sind in unserem Hause zu erhalten, wie nur irgendwo auf der Sonnenseite der Blauen Berge.

Seid Ihr hungrig? So kommt in unser Haus. —
Seid Ihr durstig? Trinkt bei uns. —
Seid Ihr müde? Schlaft bei uns. —
Seid Ihr traurig? Wir werden Euch trösten. —
Seid Ihr fröhlich? Wir werden uns mit Euch freuen. —
Seid Ihr verrückt? Kommt, wir werden Euch in Sicherheit bringen. —

Kommt, kommt alle und besucht uns!

Viel beruhigender als diese Mord-Plakate wirkt folgende Reklame eines Wirtes in Philadelphia:

„Lebt mein Vater noch?"

so fragte Joseph seine Brüder. Und diese antworteten ihm: „Gewiß, und er befindet sich sehr wohl, den er speist alle Tage im „Cosmopolitan-House."

Allerliebst ist auch folgende Annonce:

„Das Heimweh ist heilbar!"

Vergeblich suchte ich, durch Geschäfte fern meiner Heimat gehalten, die Sehnsucht nach meinem Hause, nach meiner Familie zu überwinden. Alle Mittel gegen die Schwermut, die sich daraus entwickelt hatte und mit Lebensüberdruß zu endigen drohte, waren vergeblich, bis ich endlich dem Rate von Bekannten folgte und in Mr. Palmers Hotel, Elm-Street 15, zog. Schon der erste Tag brachte Erleichterung, am zweiten fühlte ich deutlich, wie der Alp des Heimwehs sich zum Abzug rüstete, am dritten saß ich geheilt und befreit inmitten meiner Freunde bei einer Bowle Eierpunsch, den niemand so vortrefflich zu bereiten versteht, als Mr. Palmer, Elm-Street 15.

Manche Wirtshäuser sind berühmt durch ihre absonderlichen Namen geworden, so in Elberfeld das Gasthaus „zum letzten Heller", in Bristol die Kneipe „The World's End"; in Land's End (Cornwallis) „The first and last Inn in England"; in Plymouth „No Place Inn", letzteres ein Wirtshaus, welches auf seinem Aushängeschilde ein altes Weib zeigt, den heimkehrenden Gatten also anfahrend: „Where have you been?" (Wo bist du gewesen?) „No place". (Nirgends) ist die Antwort.

Die Reklamesucht hat mehrfach sogar Hotelwirte dazu veranlaßt, ihre Fremdenlisten, die in den Zeitungen abgedruckt und so weiten Kreisen bekannt gegeben werden, zu fälschen, indem sie fingierte Namen hoher und höchster Standespersonen in dieselben eintrugen, wie Herzog von Soundso mit großem Gefolge, Fürst von Krähwinkel nebst Gemahlin und Dienerschaft, Ihre Exzellenz Frau Gräfin von Drachenblut 2c. 2c.

Läßt sich wirklich einmal eine derartige hohe Persönlichkeit herbei, das Hotel des Herrn Schlaumeier zu benutzen, so versäumt dieser nicht, das große Ereignis durch Aufhissen aller Flaggen dem großen Publikum bekannt zu geben.

Reklame eines Hotels in Chicago.

Höchst originell ist das Wirtshausleben in China eingerichtet.*) Die besuchtesten Wege in den nördlichen Provinzen sind mit zahlreichen Wirtshäusern besetzt, die man freilich nicht immer nach dem Schilde beurteilen darf. Wenn man blos diese pomphaften Schilder ansähe, mit denen sie geschmückt sind, so möchte man denken, daß man an den Wohnort der tugendhaftesten Menschen der Welt komme, und der Wirt unter seinen Gästen sich wie ein Patriarch unter seiner zahlreichen Familie ausnehmen müsse. Die großen Charaktere, welche man an der Eingangsthüre liest, versprechen Friede, Eintracht, Uneigennützigkeit, Edelmut und außerdem Ueberfluß an allem Möglichen und die Erfüllung aller Wünsche. Jedes Restaurant hat seinen eigenen Namen, wie „Der Garten des

---

*) Huc, Das Chinesische Reich II., S. 242.

goldenen Thals", „Der Balkon der Freude und des Entzückens", „Der Raum der Wohlgerüche aus fernen Landen", „Der immergrüne Blumenhain" ꝛc. Einige der Inschriften neben diesen Zeichen verheißen: „Friede und Freundschaft", „Tugend und Harmonie", „überreiche Fülle", „den Frühling des Wohlstandes."

Kaum hat man aber die Schwelle überschritten, so befindet man sich sozusagen in einer Diebeshöhle, in der man ausgeplündert wird und vor Hunger und Elend fast umkommt. Da die Reisenden recht gut wissen, was sie von den Schilden, welche unerschöpflichen Ueberfluß verkünden, zu halten haben, so reisen sie nie, ohne sich gehörig mit Lebensmitteln versehen zu haben. Es ist Sitte, daß jeder am Gürtel ein Säckchen voll Theeblätter trägt, und wer sich nicht mit Weizenbrot und in Wasser abgekochtem Reis begnügen kann, hat einen Koffer bei sich, der in mehrere Fächer geteilt ist, welche gehacktes Fleisch, eingesalzene Fische und Sauerkraut enthalten. Die Chinesen nennen diesen Reisevorrat: Kan-leang, d. h. „Trocknes und Kaltes."

Man findet jedoch in den größeren Städten ziemlich gute Wirtshäuser, welche besondere Zimmer für alle Reisenden haben. Man kann à table d'hôte und à la carte speisen und wählt sich wie in unseren Restaurationen die Gerichte aus, welche man wünscht. Wenn die Kellner die Schüsseln vor die Gäste stellen, sagen sie dabei in singendem Tone den Namen des Gerichts, so daß es jedermann hören kann. Man sieht, diese Methode ist sehr geistreich, um die Konsumenten aufmerksam zu machen. Es kommt oft vor, daß man aus Eigenliebe sehr ausgesuchte und teure Gerichte verlangt, die man gern entbehren würde, wenn man allein oder bei verschlossenen Thüren speiste. Ist das Mahl vorüber, so stellt sich der erste Kellner an die Thür und stimmt einen Gesang an, welcher weiter nichts ist, als eine Aufzählung der verzehrten Gerichte mit einem Refrain, der die Preise der einzelnen Gerichte nennt. Jetzt gehen die Gäste fort, und man muß gestehen, daß dies der entscheidendste und feierlichste Augenblick ist. Wer ökonomisch gespeist hat, geht mit bemütigem Gesichte und sucht sich den Blicken der Umstehenden zu entziehen. Die chinesischen Lords hingegen, welche mit Verschwendung und sehr teuer gespeist haben, gehen langsam hinaus, die Pfeife im Munde, den Kopf hoch gehoben, mit stolzem und verächtlichem Blicke. Wenn man in Europa diese Methode annehmen wollte, feierlichst an der Thüre der Restauration die Speisekarte der einzelnen Stammgäste herzusagen, so wäre wohl zu befürchten, daß mehr als ein Gast aus Eitelkeit und Eigenliebe Verdauungsbeschwerden bekäme. —

In Paris wurde im Jahre 1885 eine Taverne du Bagne neu errichtet und geben wir in Nachstehendem eine kurze Skizze, wie es in diesem auf der Welt wohl einzig bastehenden Restaurant, in dieser „Zuchthauskneipe" zugeht. Der Besitzer Lisbonne, Schauspieler, Theater-Unternehmer, Kommune-Mitglied, Sträfling und Journalist, hat von der Stadt Paris ein kleines, zur Stunde müßig baliegendes Grundstück gepachtet, eine höchst elende Baracke aus ange=

strichenen Brettern und alten Fenstern darauf gesetzt, sie mit rohen Tischen und
Bänken und einigem Kneipgerät ausgestattet und „Bagno-Kneipe" getauft. Er
selbst, ein konfisziertes Zigeunergesicht, parabiert in dem alten Anzuge der
Sträflinge, ebenso wie seine Kellner, denen er nachrühmt, daß sie wirkliche, echte
Verbrecher seien; rote Jacke, grüne Mütze mit Messingschild und Nummer, gelbe
Hose und Kugel mit Kette, die um einen Fuß geschmiedet ist und am Gürtel
getragen wird. Die Zahlkellner sind als Sträflings-Aufseher gekleidet und
schauen nach Kräften grimmig drein; statt eines „Bock" (Glas Bier) verlangt
man eine Kugel, und wenn ein Trupp Gäste — denn man wird bei dem kolossalen
Andrange nur in Gruppen zugelassen — genug an dem widerwärtigen, von
Tabaksqualm und saurem Bierdunst gewürzten Schauspiel hat, so ertönt eine
Pfeife und der Hausherr ruft: „Laßt eine andere Lieferung von Verurteilten
herein, die Befreiten können zur Kanzlei gehen und sich nach Hause packen."
An den kahlen Wänden hängen allerlei Schauergemälde, Kommunegrößen, Bagno-
szenen 2c. Es weht einen an, wie mit einem Hauch von Verwesung in dieser
eklen Bretterbude, aber die Menge drängt sich ohne Unterlaß dahin, Bummler,
Bürger und behäbige Bürgersfrauen mit Kind und Kegel. Selbst fürstliche
Gäste der Weltstadt sahen sich den Schwindel an. Lüftet dann irgend ein mut-
williger Gast das Inkognito, so tritt der Hausherr auf den hohen Gast zu
und sagt „Bon jour, Citoyen!" Monsieur macht täglich mit diesem Zauber
seine 800—1000 Franken! —

Höchst originell dürfte auch das Verfahren der russischen Branntweinbuditer
sein, die angeblich vor ihren Läden Branntwein ausspritzen, um durch den Geruch
die Bauern anzulocken.

Eingang zu einem amerikanischen 10 Cents-Restaurant.

Die Wunderdoktoren und Marktschreier
des Altertums und des Mittelalters.

> „Ich bin der Doktor Eisenbart, Valleri juchhe!
> Kurier' die Leut' nach meiner Art, Valleri juchhe!
> Kann machen, daß die Lahmen sehn, Valleri juchheirassa!
> Und daß die Blinden wieder gehn, Valleri juchhe!"

Die Quacksalberei ist so alt, als das Kranksein selber. Man hielt in grauer Vorzeit die Krankheit als von bösen Geistern verursacht, als angezaubert, und die Heilung galt als ein Wunder. Die ersten Leute, die sich mit dem Vertreiben der Krankheiten, resp. der bösen Geister, die von dem Kranken Besitz ergriffen hatten, befaßten, waren die Zauberer und Medizinmänner, welche zugleich die priesterlichen Handlungen ausführten. Sie suchten durch furchtbare Beschwörungen und heillosen Lärm die Geister in Angst zu versetzen und auszutreiben und also die Kranken zu heilen. Derartige Beschwörungen können noch heute Forscher und Reisende bei jedem Naturvolke beobachten. Dr. Crevaur*) berichtet von einem Zauberer der Roucouyennes-Indianer, dem ein in vollkommen hoffnungslosem Zustande befindlicher Kranker vorgeführt wurde. Der Zauberer begann mit seinen Beschwörungen und zog sich endlich mit einem Bogen und Pfeil bewaffnet in seine Hütte zurück und zeigte, als er nach einigen Minuten wieder zum Vorschein kam, mit triumphierender Miene den nun mit Blut bedeckten Pfeil vor, indem er erklärte, daß er den feindlichen Geist, der den unabwendbaren Tod des Kranken veranlaßt, bestraft und zum Tode getroffen habe.

Zu derartigen Beschwörungen gesellen sich auch allerhand praktische Erfahrungen, die Kranken werden geknetet, gerieben, man sucht die Krankheit durch Saugen und Blasen der leidenden Teile zu entfernen. Dieser Methode befleißigte sich derselbe indianische Zauberer bei einem anderen Kranken. Er nahm eine brennende Zigarre, zog den Rauch derselben mit einigen tiefen Zügen ein und blies ihn heftig gegen die schmerzhaften Stellen. Dann wieder brachte er den Mund an dieselben, zog die Luft ein paarmal stark ein und blies und pustete nachher mit vieler Ostentation, um das Uebel, das er so eingesogen hatte, zu vertreiben. Dieser ganze Hokuspokus dauerte etwa zwei Stunden; darnach erteilte

---
*) „Globus", Band XL., S. 274.

Krankenzauber der Moncouennes=Indianer.
Aus dem „Globus". Verlag von Vieweg in Braunschweig.

der Zauberer noch verschiedene Verhaltungsmaßregeln, die sich alle in dem einen Wort „Diät" zusammenfassen lassen.

Was diese Beschwörer treiben, bezeichnen wir als „Schamanismus", nach Sitte der Schamanen, den Zauberern der nordasiatischen Völker, die in ihrem Wesen vollständig mit ihren afrikanischen und amerikanischen Kollegen übereinstimmen. Der zu einem Kranken herbeigerufene Meister versteht es, aus der schmerzenden Stelle des Körpers allerlei fremde Gegenstände auszusaugen, sei es nun ein Stein, ein Dorn, eine Feder oder ein Käfer, die natürlich vorher in seinem Munde verborgen waren.

Durch Anwendung des tierischen Magnetismus, dessen Wirkungen überhaupt den Medizinmännern fast aller Völker und Zonen mehr oder weniger bekannt sind, heilten schon die egyptischen Priester, von denen diese Kenntnis zu den Griechen überging, welche die professionellen Magnetiseure „Oneiropoletä" nannten und die den magnetischen Schlaf genau ebenso durch Bestreichung, Reibung oder bloße Bewegung mit der Hand vor dem Gesichte oder durch festen Blick erzeugten, wie dies heutzutage noch häufig gemacht wird.

Diese Magnetiseure waren vornehmlich Priester, und nach ihren Wohnhäusern, nach ihren Tempeln pilgerten die Kranken zu Tausenden, um im Schlafe durch göttliche Eingebung die Mittel zur Genesung zu erfahren.

Der Tempel lag in anmutiger Gegend, auf waldiger Höhe, von Luftgängen und heiligen Hainen umgeben. In seinen Vorhallen waren die Sinnbilder des Schlafes, des Traumes und des Glückes aufgestellt. Auf seiner Pforte stand geschrieben:

„Nur wer reinen Sinnes ist, darf mir nahen!"

Wer daher in das Innere dringen wollte, mußte erst durch die Priester dazu vorbereitet sein. Diese Vorbereitung bestand in Fasten, Bädern, Salbungen und Räucherung mit narkotischen Stoffen aller Art. So geweiht wurden die Kranken, nachdem Gebete verrichtet und Lieder gesungen waren, in das Schlafhaus geführt, das sich dicht neben dem Tempel erhob. Bei feierlicher Stille und tiefem Dunkel schliefen sie hier ein und sprachen während des Schlafes von ihrer Krankheit und den Mitteln, welche der Arzt dagegen verkündet. Wenn beim Erwachen die Erinnerung an die Eingebung im Schlafe fehlte, oder der Kranke den Sinn seines Traumes nicht verstand, dann deutete ihn der Priester im Innersten des Tempels und erklärte den Willen des Gottes, nach dem der Kranke genas. Wer nicht genas — der hatte den Zorn des Gottes auf sich geladen und sollte nicht genesen.*) In diesem Auskunftsmittel, das die

---

*) Auf Hawai beteten die Priester, um Krankheiten zu heilen, gleichfalls zu den Göttern. Unter Beschwörungen richteten die Priester, neben dem Kranken sitzend, Fragen an die Gottheit und erhielten in kreischender Stimme Antwort. Krankheiten aber, die durch die Priester nicht geheilt werden konnten, wurden „als von den Vorfahren her" bezeichnet.

(Ratzel, Völkerkunde II., S. 325.)

Priester sich wohlweislich vorbehalten hatten, liegt zum Teil die Lösung des Rätsels jener frühesten und berühmtesten Wunderheilungen. Es wurde eben nur der geheilt, für dessen Herstellung die diätetischen und medikamentösen Mittel der Vorkur ausreichten. Wer schwerer erkrankt war, auf dem ruhte des Gottes Zorn. Und von den armen Schwindsüchtigen sagen daher schon die frühesten Berichte, daß sie keine Mittel fanden, wenn sie auch zu allen Tempeln der Götter umherreisten.

Gelangen den Priestern derartige Heilungen, so veranlaßten sie den Geheilten, zum Zeugnis eine Votivtafel im Tempel aufzuhängen. Diese Votivtafeln, die also genau den teils echten, teils unechten „Dankschreiben" entsprechen, mit denen zu Reklamezwecken unsere modernen Quacksalber ihre Pamphlete und Flugschriften so überreich ausstatten, waren geradezu massenhaft vorhanden. In den Tempeln des Aeskulap in Epidauros und Pergamos waren derartige Reklamen zu Tausenden aufgehängt; daß aber schon damals der Wert dieser Reklamen nach Gebühr gewürdigt wurde, geht aus der ironischen Frage eines Fremden hervor, der, als ihn ein Priester auf die vielen Votivtafeln aufmerksam machte als Zeugnisse für die Wunderkraft des Gottes, einfach fragte, wo denn die Tafeln Derer seien, die nicht geheilt wurden. Die Nichterfolge pflegte man damals ebenso zu verschweigen, wie jetzt an den Wunderorten.

Derartige Dankeszeichen für wunderbare Hilfe wurden auch bei den Tempeln der Göttin Tanoth, des Gottes Baal-Hammon und auf der Stätte des alten Karthago in Massen ausgegraben.*)

Der Glaube an diese Tempelkuren hat sich durch Jahrtausende bis auf unsere Tage hingeschleppt; noch heute treibt der kirchliche Aberglaube die kranke, leidende Menschheit in Scharen an die Orte, wo hölzerne Heiligenbilder Wunder wirken, oder durch Vermittelung der Madonna, der Apostel, oder durch Reliquien Wunderkuren vollbracht werden. —

Schon im Altertum mögen sich aus der Priesterkaste Einzelne herausgelöst haben, die sich speziell nur der Ausübung der ärztlichen Kunst widmeten, im allgemeinen aber nichts weniger als Aerzte waren. In Rom gab es Spezialisten, die ein Geschäft daraus machten, Wimpern auszuziehen, Zähne zu reißen, Brandwunden aus der Haut gebrandmarkter Sklaven zu entfernen, Brüche zu kurieren, Steinoperationen zu verrichten u. s. w. Augenärzte waren am zahlreichsten, sie folgten selbst den Heeren, denn wo immer in Deutschland, England und anderswo Ueberbleibsel römischer Lager aufgefunden wurden, entdeckte man auch die den Büchschen oder Fläschchen, in denen das Medikament verwahrt wurde, beigebundenen Stempel der römischen Augenärzte. Der sehr verdiente Altertumsforscher Grotefend fand es für interessant genug, eine ganze Sammlung der bekannt gewordenen metallenen Firmen von Augenärzten zu veröffentlichen.

---

*) Vergl. „Gartenlaube" 1878, S. 165.

Da es keine Prüfungen, keine Notwendigkeit der Beibringung von Beweisen der erlangten ärztlichen Ausbildung gab, weil das ärztliche Gewerbe ganz frei gegeben war, so drängten sich viele Unberufene, besonders aus den unteren Ständen, zur Ausübung der Kunst, die im Falle des Gelingens sehr einträglich war. Schuster, Schmiede und Handwerker aller Art gaben, wie Galenus berichtet, ihr Handwerk auf und wurden Aerzte, wie denn auch umgekehrt Aerzte, denen es als solchen nicht glückte, mitunter das Leichenträger- oder Gladiatorenhandwerk ergriffen. Unter solchen Pfuschern nahmen die pharmacopolae, nicht etwa den Apothekern der Jetztzeit, sondern den Quacksalbern, Bereitern von Salben und Zaubermitteln, Liebestränken einer spätern Zeit zu vergleichen, einen hohen Rang ein. Galen warnt solche Herren Kollegen — ironisch auf ihren Mangel an Bildung hinweisend — im Gespräche mit gebildeten Patienten sich ja nicht durch Sprachfehler zu verraten. Der Zudrang steigerte sich, seit Thessalus, der ursprünglich Lehrling seines Vaters, eines Webers, gewesen, nichtsdestoweniger aber als Arzt unter Nero den ungewöhnlichsten Erfolg hatte, erklärte, daß ein halbes Jahr zur Erwerbung der medizinischen Kenntnisse hinreiche, welche man für die Praxis brauche. Der Unterricht scheint in der Art unserer Polikliniken erteilt worden zu sein. So erzählt der Spötter Martial, der Arzt Symmachus habe ihn in Begleitung von hundert Schülern besucht und durch die Berührung von hundert eiskalten Händen habe er das Fieber, das er noch nicht hatte, erst bekommen.

„Unwohl fühlte ich mich, da kamst du, Symmachus, eilig,
Hundert Schüler mit dir; von dem Nordwind erstarrt
Tasten an mir herum die hundert eisigen Hände,
Fieber hatt' ich noch keins, Symmachus, jetzt ist es da!"

(Martius V, 9.)

Abgesehen von ihrer oft unglaublichen Unwissenheit, wie sie Galen und Skribonius Largus — also Aerzte selbst — schildern, sagt der erstere von ihnen: „Zwischen Räubern und Aerzten ist kein anderer Unterschied, als daß jene im Gebirge, diese in Rom ihre Missethaten begehen." —

Die Aerzte des Mittelalters, zumeist Geistliche, waren verhältnismäßig nur wenig in ihrer Kunst weiter gekommen. Ursache hierzu mag wohl die Erklärung einzelner Kirchenväter gewesen sein, die das Zutrauen, welches die Kranken noch zu Kräutern und Wurzeln als Heilmitteln hatten, geradezu für einen Kunstgriff böser Geister hinstellten, durch welchen die heidnischen Aerzte zu wirken versuchten.

Nur wenige Aufgeklärte gab es, die auf die rein materielle Natur der Krankheit hinwiesen, und diese wenigen wurden für Hexenmeister und Schwarzkünstler gehalten. So war es mit Albertus Magnus, mit Peter von Albano und manchen anderen. Dagegen vermochten Charlatane und Geheimmittelschwindler die Menschheit zu Tausenden hinters Licht zu führen. Als König dieser Quacksalber kann wohl Paracelsus, der im 16. Jahrhundert als Arzt in

Basel praktizierte, angesehen werden, derselbe, von dem man behauptet, daß er der erste der Rosenkreuzler gewesen sei, einer Gesellschaft, welche kirchliche und alchymistische Zwecke verfolgte. Viele Jahre hatte er in Persien und Arabien gereist, um den Magnetberg aufzusuchen, von welchem in orientalischen Fabeln so viel erzählt wird. In seiner ersten Vorlesung als Vorstand der medizinischen Fakultät zu Basel verbrannte er die Werke der tüchtigen römischen Aerzte Galen und Avicenna und versicherte, daß mehr Weisheit in seiner Nachtmütze als in deren Hirn, und mehr Erfahrung in seinem Barte als auf allen Universitäten säße. — Er rühmte sich ein Geheimmittel erfunden zu haben, dem alle Krankheiten auf einmal wichen und das selbst das Leben auf das Ungemessenste verlängern könne. Dieses Geheimmittel war ein Kristall, Agoth geheißen, der magnetische Eigenschaften hatte, und Paracelsus rühmte sich, kraft dieses Magnetsteines Krankheiten aus dem menschlichen Körper in die Erde verpflanzen zu können.

Er sagte, es gäbe sechs Methoden, auf welche dies bewirkt werden könne. Eine davon wird als Probe vollkommen hinreichend sein.

„Wenn jemand", sagt er, „an einer örtlichen oder allgemeinen Krankheit leidet, so versuche man das folgende Mittel. Man nehme einen mit Mumiensaft getränkten und mit fetter Erde gemischten Magnet. In diese Erde säe man einige Samenkörner, die eine gewisse Gleichartigkeit mit der Krankheit haben. Dann lasse man diese gut durchgesiebte und mit Mumiensaft gemischte Erde in ein irdenes Gefäß bringen und den darein gesäeten Samen täglich mit einem Absud begießen, in welchem das kranke Glied oder der Körper gewaschen worden ist. Auf diese Weise wird die Krankheit von dem menschlichen Körper auf den in der Erde befindlichen Samen übertragen. Nachdem dies geschehen, verpflanze man den Samen aus dem irdenen Gefäß in den Boden und warte, bis er Halme oder Blätter zu treiben beginnt. So wie diese wachsen, wird die Krankheit sich vermindern und, wenn sie ihre volle Größe erreicht haben, ganz und gar verschwinden."

Da in dem vorstehendem Rezept von Mumiensaft die Rede ist, so wird es angemessen sein, zur Belehrung des Lesers einige Worte hierüber hinzuzufügen.

Es gab Mumiensäfte von verschiedenen Arten, die alle bei magnetischen Medizinen häufig in Anwendung kamen. Paracelsus zählt sechs Arten von Mumiensäften auf. Die ersten vier, welche sich blos in der Mischung, deren sich verschiedene Völker zur Bewahrung ihrer Toten bedienten, von einander unterscheiden, sind die egyptische, die arabische, die pisasphaltische und die libysche. Der fünfte, ganz besonders kräftige Mumiensaft ward aus gehenkten Verbrechern bereitet, „denn bei diesen", sagt Paracelsus, „findet eine langsame Austrocknung statt, welche die wässerige Feuchtigkeit entfernt, ohne die ölige und geistige zu zerstören, die von den Himmelskörpern genährt und durch den Impuls der

himmlischen Geister fortwährend gekräftigt wird, weshalb man ihn mit Recht
den himmlischen Mumiensaft nennen kann." — Die sechste Art Mumiensaft ward
von „aus dem lebendigen Körper ausstrahlenden Atomen oder geistigen Aus=
flüssen" bereitet, obschon wir in dieser Beziehung und namentlich hinsichtlich der
Art und Weise, auf welche diese Atome aufgefangen worden, aus dem, was der
große Wunderdoktor darüber sagt, nicht haben klug werden können.

Paracelsus starb, kaum 48 Jahre alt, nach einem Krankenlager von nur
wenigen Stunden und, was für seinen Nachruhm sehr nachteilig, mit einer
Flasche seines Geheimmittels in der Tasche.

Dieser Wundermann fand, wie zu erwarten war, zahlreiche Nachahmer.
Zeigte das Schicksal ihnen keinen geraden Weg, zu ihrem Ziele, zu Ehre und
Reichtum zu gelangen, so nahmen sie ihre Zuflucht zu Betrügereien. Dieselben
gelangen ihnen um so leichter, als die Gemüter jener Zeit in dem Banne des
Aberglaubens sich befanden und von Zaubermärchen ergriffen und mächtig an=
gezogen wurden. Dieser Neigung kamen die Betrüger mit allen Mitteln der
Reklame entgegen. Sie spiegelten den Leuten vor, daß sie viele fremde Länder
besucht und dort bei berühmten Männern ihre Künste erlernt hätten, daß ihre
Eliriere, durch deren Gebrauch man 100 und noch mehr Jahre alt werden könne,
aus vielerlei exotischen Pflanzen zusammengesetzt seien, daß man durch ihre kunst=
voll gebrauten Liebestränke jedes weibliche Wesen sich geneigt machen könne. In
ihrer Großsprecherei unterschieden sie sich in Nichts von unseren modernen Quack=
salbern, deren Mittel ja auch von Ohrensausen, Beinbrüchen und Trichinen be=
freien sollen.

Selbst berühmten Gelehrten, wie dem 1486 zu Köln geborenen Agrippa
von Nettesheim, wird nachgesagt, daß sie mit seinen ausgezeichneten Kenntnissen
Großsprecherei, Ruhmsucht und Geheimniskrämerei verbunden haben. Jener führte
auch, ganz im Geiste seiner Zeit, ein abenteuerliches und unstetes Leben.

Das 15. und 16. Jahrhundert war die große Zeit dieser fahrenden Quack=
salber und Marktschreier, und ihre Reklame florierte wie heutzutage nirgends,
selbst nicht in den Spalten amerikanischer Zeitungen.

Garzonus*) sagt von diesen „groß Leutbeschwindlern", daß „wenn sie
sich hören lassen, sie ein größer Zulauff bekommen, als der beste Doktor in
freyen Künsten, ja der beste Prediger, der jemals eine Kanzel betreten hatte.
Sintemal das gemeine Volk denselben Haufenweise zulauft, sperren Maul und
Nasen auf, höret ihnen einen ganzen Tag zu, vergißt aller anderen Sorgen.
Es befindet sich, daß sich diese Marktschreyer mehren wie ein Unkraut, und
sollte man wohl keinen Wochen= oder Jahrmarkt, beydes in Städten und in
Dörffern halten, da sich derselben nit etliche finden ließen, welche alle mit unter=
schieblichen Listen, Betrug und Praktiken den gemeinen Hauffen an sich hangen

---

*) „Schauplatz der Künste". Frankfurt a. M., 1641.

Quacksalber im Mittelalter.

und ihm das Geld aus dem Beutel schwätzen, beydes mit ihren listigen und lustigen Reden und auch mit ihren wunderbarlichen Proben, welche sie allda öffentlich auf dem Markt thun, mit Verstürzung aller derer, so ihnen zusehen."

„Es wird aber von solchen Landfahrern vielerhand Betrug in der Theriaka verübt, dadurch der gemeine Mann schändlich betrogen wird, indem er vermeynt, er habe ein gutes Präservatif wider Gifft oder andern Schaden von ihnen erkaufft, findt aber bey der Prob, daß er betrogen worden. Wenn man derhalb sieht, daß diese Betrüger auf ihrer Bank ein ganzes Stück Arsenikum, Sublimat oder ander Gifft einnehmen, damit sie die Güte ihres Therials wollen probieren soll man wissen, daß sie zuvor, ehe sie auf den Platz kommen, den Bauch mit Lattich, Essig, Oehl und anderem Gegengift gefüllt, wiewol sie es auch sonsten auf eine sichere Weise können anstellen, daß sie zwar einen gerechten Arsenikum aus der Apothelen holen lassen, verwechseln den aber mit einem stücklein Taigs von Zucker, Mehl, Saffran und anderen Materien gemacht, das den vorigen ähnlich sieht, welches sie mit sonderlichen Geberden, als wenn sie sich sehr gefürchtet, hineinfressen, stehen die Bauern mit aufgerissenen Mäulern, ob sie nicht bald zerbersten wollen, sie aber binden sich fest, nehmen einer Castanien groß ihres Therials oder Drecks ein, leget sich der Geschwulst, als wenn kein Gifft wäre vorhanden gewesen; das laßt euch lieben Herren einen köstlichen Theriak seyn; darauff denn die Bauern den Riemen ziehen, danken Gott, daß er sie einen solchen theuern Mann finden lassen, und so köstliche Waar umb ein gering Geld in ihr Dorf bekommen."

„Wer wollte sich aber unterstehen, alle List und Praktiken der Landfahrer zu beschreiben?"

„Etliche treten auf, geben für, sie seyen von St. Pauli Geschlecht, kommen mit größerem Ansehen aufgezogen, nemblich mit einer großen fliegenden Fahnen, darauf an der einen Seiten St. Paulus stehet mit seinem Schwert, auf der andern aber ein Hauffen Schlangen, daß man sich davor fürchtet. Da fängt man an den Ursprung ihres Geschlechts zu erzählen von St. Paulus, wie er auf der Insul Maltha von einer Ottern gebissen worden ohne Schaden, und daß diese Kraft auf sein Geschlecht vererbet, da hat man Brief und Siegel über. Endlich nimbt man aus den auf dem Tisch stehenden Schachteln eine Unken 2 Ellen lang und Arms dick, aus einer andern eine Schlang, dann eine Otter, und erzählet, wie man die gefangen, da die Bauern das Korn geschnitten und derhalb in großer Gefahr gewesen, wenn sie ihnen nit zu Hülf kommen wären, darüber dann die Bauern dermaßen erschrecken, daß sie nit dürfen nach Haus gehen, sie haben denn einen Trunk gethan von dem köstlichen Schlangenpulver, (ein irden Kügelein, welches sie in einem Glas Wein lassen zergehen, welches für Gift und Schlangen soll gut seyn), kauffen auch mehr und bringens nach Haus für Weib und Kinder, daß die mögen versichert seyn. Und ist hiemit das Spil nit geendet, sondern es sind noch mehr Schachteln bey der Hand, die macht man auch auf und langet herfür eine taube Otter, einen todten Basilisk, einen jungen Crocodil, eine Indianische Heidere, eine Tarantulam oder deren gleichen etwas, damit man die Bauern dermaßen erschreckt, daß sie auch St. Pauli gratiam kauffen, welche ihnen auf einem Brieflein umb die Gebühr mitgetheilet."

„Bisweilen kommt auch ein Magister Leo mit seinen Macalep=Ballen aufgezogen, von deren Nutzbarkeit er ein Paar stunden tapffer leugt und biskurirt, bis die Bauern anfangen, den Seckel aufzuziehen; hat wol etliche bestellt, die kommen und ihm abkaufen, geben für, sie seyen ihm weit nach= gereist, bis sie ihn da getroffen, rühmen die Waar hoch und köstlich, und wie sie die probirt haben, welches Glücks dann andre auch in Acht nehmen, und ist der gute Herr noch so liberal, daß er einem jeden, so ihm ab= kauft, noch ein Dütlein mit Wurmsaamen verehrt für seine Kinder, oder sonst etwas für's Zahnweh, für's Fieber u. s. w. zugiebt, welches des Gelts allein werth wäre." —

„Andere haben Affen, Meerkatzen, Murmelthier, Cameel oder andere dergleichen Thier bey sich oder auf ihren Bänken stehen, daß sich das fürwitzig Volk sammele: etliche halten Trommeln und Pfeiffen, etliche Trommeten und lassen bisweilen mit großem Feldtgeschrey zusammen blasen. Etliche haben andre Kurzweil, als daß sie Eyer auf einem ausgekennelten Stecken lassen auf und ablaufen, mit allerhand Veränderungen, darüber die Bauern Maul und Nasen auffsperren, und was derley Gaukeley mehr, um ihnen eine Audienz zu ver= schaffen. Und halten mit großem Geschrey oder Geplärr das Volk 2 oder 3 Stunden auf, bald mit einer neuen Zeitung, bald mit einer Historien, bald mit einem Dialogo, bald mit einem lieblichen Gesang, bald hadert er mit seinem Knecht, bald lachet er, daß ihm die Augen überlauffen, und was der= gleichen Narrenspossen mehr sind, bis er sich bedünken läßt, er hab das Volk genugsam zusammengelockt; alsdann bringt er seine Büchslein hervor und kompt auf sein quamquam von den Hellern, die er gern mochte und fängt an, seine herrliche Waaren zu loben und treibet es so lang, bis er etliche überredet, daß sie ihm abkauffen".

„In Summa, es ist, wie oben vermeldt worden, kein Markt in Dörffern oder in Städten, da sich nicht etliche solcher Gesellen finden, die unterschiedliche Droghen verkauffen. Der eine hat Wurmsamen, der andre Bilsensamen, der andre ein Pulfer, welches die Winde vertreibet, oder geschmeidig macht, daß man sie nicht höret, damit manchem wol bey guter Gesellschaft gedient wird. Ein andrer hat Oleum Philosophorum, ein andrer ein köstlich Pomaden von Hammels= schmalz bereitet, wider die Schrunden. Ein andrer ein Ratten= oder Mäußgift. Ein andrer Bruchbänder. Ein andrer Fewerspiegel und Brillen mit welchen man im Tunkeln sehen kann. Hier stehet einer, der frißt Werg, und stopfet es bis in den Hals hinein, und speyet Feuer heraus. Dort stehet ein andrer, der wäschet die Hände und das Angesicht mit geschmoltzenem Bley. Hier stehet wiederumb einer, der schneidet seinem Gesellen mit einem besondern Messer durch die Nasen ohne Schaden. An einem andern Ort zeugt einer etliche Ellen Schnüre aus dem Maul. Hier stehet einer und verkauft Laussalben, das Gedächtniß damit zu stärken."

So verfuhren die Quacksalber geringerer Sorte. Daß es deren aber auch von höherer Ordnung gab, deutet Lerchheimer in folgendem Passus an:

„Das lose Gesindte, das mit dem Gaukelsack in den Landen umbher ziehet, sein Gewerbe damit treibet, auf den Kirchweihen vnd an andern Feiertagen in Stätten, Flecken, Dörffern dem gemeinen Mann kurtzweil vnd gelächter machet umbs gelt: das machet ein teil possen vnd wunder natürlicher weise, nur mit behendigkeit, die die Zuseher nit merken. Als wann sie einem Wein aus der Nasen lassen, den haben sie in ein schwamm in der Hand ihm auff der Nasen, drucken den auß in ein rörlein, so meint man, er laufe dem auß der Nasen. Schließen eim das Maul zu, daß man meint, das Schloß gehe ihm durch beide lipffen, die es doch nur fast zusammen drucken. Solche Possen gingen wohl hin, wanns dabei bliebe, und sie nicht übernatürliche vnmenschliche spectacul erzeigten mit des Teuffels beystand. Wann ein Gauckler eim äpffel in Hut gibt, vnd wann der sie wieder außschüttet, daß dann Roßdreck sey: oder einer fürwitzigen Magd ein Rose in Schoß wirfft, darauß ein Männlich Glied wirdt: item, daß einer mit blossen Füßen auf einem scharffen Schwert gehet oder es verschlingt: daß ein Gaukler den andern frißt, das ist über Menschlich vermögen vnd Kunst."

Der berühmteste dieser mittelalterlichen Industrieritter, die zweifelsohne allerlei magische und spiritistische Künste für ihre Reklamezwecke verwendeten, ist wohl unstreitig Johannes Faust, dessen Persönlichkeit kein Fabelgebilde ist, da mehrere Urteile über ihn von Zeitgenossen erhalten sind. Ein bestimmtes Zeugnis über Faust gibt Begardi in seiner 1539 herausgegebenen Schrift: „Zeyger der Gesundheyt."

„Er ist vor etlichen Jahren durch alle Landschaft, Fürstenthümer und Königreiche gezogen, seinen Namen Jedermann selbst bekannt gemacht, und seine große Kunst, nicht allein der Arzenei, sondern auch der Chiromanzie, Nigromanzie, Physionomie, Visiones in Krystallen und dergleichen mehr Künste sich höchlichst berühmt. Und nicht allein berühmt, sondern sich auch einen berühmten und erfahrnen Meister bekannt und geschrieben. Hat auch selbst bekannt und nicht geleugnet, daß er sey, auch hieß Faustus, damit sich geschrieben philosophum, philosophorum etc. Wie aber Viele mir geklagt haben, daß sie von ihm seyn betrogen worden, derer ist eine große Zahl gewesen. Nun, sein Verheißen war auch groß, wie des Thessali, dergleichen sein Ruhm, wie des Theophrasti, aber die That, wie ich vernehme, fast sehr klein und betrüglich erfunden; doch hat er in Geld nehmen und empfangen (daß ich recht red) nicht gesäumt, Viele mit den Fersen gesegnet."

Joh. Wier in seinem Werke „von Teuffelsgespenst" ꝛc. (Frankfurt 1586) sagt von Faust, daß er „in Cracaw in Poln die Schwartzkunst gelernt vnd diese schöne Kunst in kurtzem so wol begriffen, daß er dieselbige mit großer verwunderung, vielen Lügen vnd vnsäglichem betrug hin vnd wieder in Teutschland, ohn scheu zu treiben vnd offentlichen zu practiciren angefangen hat."

Hier haben wir zwei charakteristische Urteile über Faust. Das viele Umherziehen, die großen Kenntnisse, derer er sich rühmte, die Marktschreierei, die Hintergehung anderer läßt den Abenteurer erkennen. Ohne Zweifel war er in spirititischen Künsten bewandert, auch hatte er sich in der Kunst, die Reden und Handlungen anderer nachzuahmen, eine seltene Fertigkeit erworben, die er anwendete, um Unerfahrene in Furcht und Schrecken zu versetzen und um ihr Geld zu bringen. Oeffentlicher und lauter als alle anderen trieb er seine Künste, ließ er doch, einer alten Erfurter Chronik zufolge, daselbst sogar vor Professoren und Studenten der dortigen Universität die Helden Homers erscheinen, den Hektor, den Achill, den Polyphem sowie die Helena.

Der das Erscheinen der letzteren betreffende Passus der Chronik lautet:

„Desse Helena erschynde yn einem köstliken swarten Purpurklede, ere Hair habbe se heraff hangen, dat so schön alse Goldt schynede, ock so lanck, dat ybt er beth vp be Kneewaben hengede, mit schönen, swarten Ogen, ein leeflick Angesichte, mit einem runden Koppe, ere Lippen alse robe Karsebern, mit einer klenen Mundt, einen Hals alse ein witter Swon, robe Wangen alse eine Rose, ein schön blenkern Angesichte, eine lange smalle vnd vpgerichtede Person. In Summa, ybt was an er neen Mangel to vinden, se sack sich allenthaluen in be Dörntzen umme, mit gar stolten vnd böuischen Gesichte, bhat be Studenten gegen er yn Lewe entfenget wörden".

Eine jener Possen, durch welche der oben angeführte Lerchheimer so in Schrecken versetzt wurde, lieferte Faust in Knütlingen „im Wirtshauß, da er mit etlichen saß vnd sauff, einer dem andern halb vnd gar auß zu, wie der Sachsen vnd auch anderer Teutschen gewonheit ist. Da jhm nu der Wirtsjung seine Kannte oder Becher zuvoll schenkete, schalt er jn, bräuete jm, er wölle jn fressen, wo ers mehr thete. Der spottete seiner „Ja woll fressen", schenkete jhm abermal zu voll. Da sperret Faust sein Maul auff, frißt jhn. Erwischt darnach den Kübel mit dem Külwasser, spricht: „Auff einen guten Bissen gehört ein guter Trunk", seufft das auch auß. Der Wirt redet dem Gast ernstlich zu, er sol jm seinen Diener wieder verschaffen, oder er wölle sehen, was er mit jm anfinge. Faust hieß jn zufrieden seyn, vnd hindern ofen schawen. Da lag der Jung, bebete vor schrecken, war aller naß begossen. Dahin hatte jn der Teuffel gestoßen, das Wasser auff jn gestürtzt: den Zusehern bie Augen bezaubert, daß sie beucht, er wer gefressen, vnd das Wasser gesoffen."

Derselbe Chronist schreibt weiter:

„Noch ein Gaukelwerk will ich erzehlen. Zu Magdeburg gaukelte er auff bem Markt. Da es gethan vnd er wenig gelt von den zusehern gesammelt hatte, beklaget er basselbige, sagt: er wöll nit lenger auff Erben bey den vnbankbaren

Leuten bleiben, wöll gen Himmel fahren. Mit dem wirfst er seins Rößleins zügl vmb. Das fehret hinnauff hoch, er hielte jm am Schwantz, sein Weib jhm am Rock, die Magd hengt sich ans Weib, fahren also in einer Koppel dahinn. Das Volk hat ein getümmel vnd geschrey, wie zu erachten. In dem kompt ein feiner Bürger gegangen, fraget was da sey? Man berichtet jhm was geschehen sey. „Ja wol" spricht er, — „Der ist mir dort in der Gasse begegnet, ziehet in die Herberge". Dieser Bürger sahe ihn nicht in der Lufft fahren, sahe ihn, wie es die warheit war, auf der Erben gehen. Wie einer gegen diese Dinge gesinnet, anmutung dazu hat, also geschiehet jhm."

So verblendete Faust das Volk. Er war, mit einem Worte zu sagen ein Hochstapler der gefährlichsten Sorte, um so gefährlicher, als er bei Ausführung seiner Betrügereien sich mit dem Mantel der Wissenschaft deckte. Er war ein pfiffiger, verschlagener, seinem Jahrhundert imponierender, vielleicht in geistiger Bildung und technischer Geschicklichkeit wirklich überlegener Mensch, der seine Wichtigkeit und Bedeutung eben durch sein Zeitalter erhielt. **Faust war der letzte große Zauberer.** Auf ihn folgte die Zeit der Aufklärung der Zauberei durch Chemie, Physik und Medizin.

Faust war aber nicht der letzte Betrüger. Ihm folgten noch unzählige andere: Mesmer, Dr. Eisenbart, Cagliostro, Graham und sofort. In welchem Aufzuge diese Betrüger und Quacksalber durch die Länder zogen, ergeht aus einer im Jahre 1723 gedruckten englischen Reisebeschreibung.

„Ich kann nicht von Winchester scheiden, ohne eines merkwürdigen Anblickes zu erwähnen, der mir hier zu teil wurde. Von meiner Herberge aus sah ich einen mit sechs rotbraunen Pferden bespannten Wagen sich nähern, darauf eine von vier Pferden gezogene Kalesche und eine Kutsche, gleichfalls mit vier Gäulen bespannt, die Wagen alle gelb gestrichen mit roten Verzierungen. Dem Wagen folgten vier Reiter in blauen, reich mit Silber gestickten Wämsern. Da Gelb die Farbe der Grafen und Herzöge von England ist, so trat ich hinaus um zu erfahren, wer hier sein Absteigequartier nehme, aber ich gewahrte keine Krone auf dem Wagenschlag, nur ein einfaches Wappen mit dem Motto:

„Argento laborat Faber."

„Auf weitere Erkundigung wird mir mitgeteilt, daß die Wagen Eigentum eines Quacksalbers, Namens Smith, seien, dessen in gelbe Livree gekleideten Bedienten und Trompeter eben in die Herberge eintraten. Die in blauen Gewändern prangenden Reiter waren seine Apotheker und Helfershelfer. Der Marktschreier selbst war in schwarzen Samt gekleidet, und neben ihm saß eine Frau, eine Seiltänzerin. Er kuriert alle Krankheiten und verkauft seine die Arzneien enthaltenden Pakete für 6 Pence das Stück. Er errichtet Bühnen in allen Marktstädtchen auf 20 Meilen in der Runde, und ist es unbegreiflich, wie ein so intelligentes Volk als das englische sich von einem derartigen Taschendiebe über den Löffel barbieren läßt. Seine Gestikulationen und Schreiereien auf der Bühne sind aber die 6 Pence allein wert ohne Pillen. In den Morgenstunden, wenn er in seinem Zimmer gegen größeres Honorar Rat erteilt, trägt er einen Morgenrock von feinstem Brokat."

Ueber den berühmten Marktarzt Doktor Eisenbart gibt Heuman in Haubers „Bibliotheka acta et magica" (Lemgo 1741) die Notiz, daß er ihn am Ende des 17. Jahrhunderts in Zeitz gesehen habe, als er mit großer Pracht aufgezogen kam. Nachdem er auf seine Schaubühne getreten war, habe er seine Rede mit den Worten begonnen: „Hochweiseste Herren, ich bin der berühmte Eisenbart." Einem noch erhaltenen eigenhändigen Briefe zufolge befand er sich im Juli 1704 in Wetzlar, woselbst er Schwierigkeiten mit den Behörden wegen seines „Theatrum" hatte.*)

Dr. Eisenbart, der sich „Königlich großbritannischer und herzoglich braunschweigischer Landarzt, Hofokulist, Stein- und Bruchschneider" nennen ließ, starb im Jahre 1727, 66 Jahre alt, in Münden, in der Provinz Hannover, wo er auch begraben wurde und sein Epitaphium in einer dortigen Kirche noch jetzt vorhanden ist. —

Durch dreiste Großsprecherei wußten mehrere dieser Schwindler sogar Zutritt an Höfen zu erlangen, so im vorigen Jahrhunderte der Graf Saint Germain, auch zuweilen Marquis de Betmar sich nennend, ferner der berüchtigtste Abenteurer und Betrüger seines Zeitalters, Guiseppe Balsamo oder Graf Alexander von Cagliostro, welcher alle Lande durchzog und mit unerhörten raffinierten Gaunereien Vornehme und Edle brandschatzte. Das Höchste, was dieser Schwindler seinem Publikum zu bieten wagte, war die Lehre von der physischen und moralischen Wiedergeburt der Menschen, nach welcher ein Mensch, der nach der Wiedergeburt strebt, ein geistiges Leben von 5557 Jahren erreichen oder seine Tage so lange in unerschütterlicher Gesundheit und Gemütsruhe hinbringen könne, bis es Gott gefalle, ihn von dieser Erde abzuberufen. Nur ein Mann von vollen fünfzig, eine Frau oder ein Mädchen nach erreichten sechsunddreißig Lebensjahren konnte physisch wiedergeboren werden, und zwar durch Anwendung folgender Mittel: „Im Vollmonde des Mai muß sich der nach physischer Wiedergeburt strebende Mensch auf das Land begeben, sich dort im Zimmer eines einsam gelegenen Hauses einschließen und vierzig Tage hindurch bei magerer Kost die strengste Diät beobachten. Es ist ihm nur der Genuß leichter Fleischbrühe und zarter erfrischender, abführender Kräuter erlaubt, wozu er kein anderes als geläutertes oder im Maimonat gefallenes Wasser zu trinken hat. Jede Mahlzeit muß er mit solchem Getränke eröffnen und mit dem Genusse von Zwieback oder sehr trockener Brotkruste beschließen. Am siebzehnten Tage solch enthaltsamer Lebensweise unterwirft er sich einem leichten Aderlaß und nimmt zweiund-

---

*) Vergl. „Gartenlaube" 1875, S. 65.

dreißig Tage hindurch, nach dem Erwachen und vor dem Schlafengehen, jederzeit sechs weiße Tropfen", die „der große Kophta" (wie sich Cagliostro nannte und nennen ließ) selbst bereitete und deren Bereitung für jeden anderen ein undurchdringliches Geheimniß war.

„Am zweiunddreißigsten Tage nach genauem Gebrauche dieser Wundertropfen wird an dem nach physischer Wiedergeburt Strebenden wieder ein leichter Aderlaß vorgenommen, worauf er sich zu Bette begibt und eine Dosis der Materia prima erhält, worauf er drei Stunden hindurch Besinnung und Sprache verliert, endlich in Konvulsionen gerät und dann einer heftigen Transpiration und Ausleerung unterliegt. Schnell wird er hierauf in ein frisches Bett gebracht und mit einer Kraftbrühe gelabt, welche aus einem Pfunde Ochsenfleisch ohne allem Fett und sehr kräftigen Kräutern bereitet werden muß."

„Sind wieder körperliche Kräfte gesammelt, so empfängt er am folgenden Tage die zweite Dosis der Materia prima in einer Tasse Kraftbrühe. Nun treten nicht nur schnell die Wirkungen der ersten ein, verbunden mit heftigem Fieber und mit Sinnenverwirrung, sondern es erfolgt auch der Verlust der Haut, der Haare und der Zähne. Es wird ein laues Bad gebraucht und am sechsunddreißigsten Tage in einem Glase sehr alten vorzüglichen Weines die dritte und letzte Dosis der Materia prima genommen, deren wohlthätige und angenehme Folgen ein süßer, stärkender Schlaf, die Ersetzung der Haut, das Wachsen vorzüglich schöner Haare und die Erscheinung blendend weißer Zähne sind. Nach dem Erwachen aus diesem langen, verjüngenden Schlafe wird ein aromatisches, drei Tage nach einander ein gewöhnliches Bad genommen, dann das Bett verlassen und häufige Bewegung im Freien gemacht. Nun erscheint der letzte Akt der Verjüngung und der Wiedergeburt durch den Genuß von zwei großen Löffeln voll roten Weines, welcher mit zehn Tropfen von Kophtas unsterblich machendem Wunderbalsam vermischt ist. So ist nun der vierzigste Tag eingetreten und mit ihm die Verjüngung und die physische Wiedergeburt, welche durch genaue Beobachtung solch strenger Lebensweise und vorschriftsmäßigem Gebrauche der Wiedergeburtsmittel von fünfzig zu fünfzig Jahren erneuert werden muß."*)

Wer nach der moralischen Wiedergeburt, das heißt nach dem Stande der „primitiven Unschuld", strebte, hatte eine gleiche Schule des aberwitzigsten Unsinns durchzumachen, und kaum glaublich ist es, daß sich hirnverbrannte Narren genug fanden, die nach dieser physischen und moralischen Wiedergeburt strebten. Der Anstrich des Ueberirdischen und Geheimnisvollen, womit die seltsame Lehre übertüncht war, die ganz fabelhafte Großsprecherei und Sicherheit ihres Urhebers aber gewannen ihr immer mehr Anhänger, selbst geistreiche Männer hingen mit wahrem Köhlerglauben an den Worten des „großen Kophta", der vorgab,

---

*) von Train, Guiseppe Balsamo oder der entlarvte Graf Alexander von Cagliostro, S. 139—141.

Wunderkräfte zu besitzen, durch die er das Dunkel der Zukunft enthüllen und unheilbare Kranke genesen machen könne. Er versicherte, bei der Hochzeit zu Kana einer der Gäste gewesen zu sein, ferner behauptete er, er habe schon vor der Sündflut gelebt und sei mit Noah in den Kasten gegangen. Sein Dasein schrieb er jener Verbindung der Kinder Gottes mit den Töchtern der Menschen zu, wovon im 1. Buche Mose, Kap. 6, Vers 2 und 4 geredet wird. Von seinen Reisen, Studien und Kenntnissen sprach er mit den erhabensten Ausdrücken und behauptete, daß er sich die Wissenschaften der Pyramiden (!) erworben habe und in die tiefsten Geheimnisse der Natur eingedrungen sei. Oft bediente er sich eines mysteriösen Stillschweigens, oder er pflegte, wenn man ihn um seinen Stand und Namen fragte, blos mit der Miene eines Begeisterten zu antworten: „Ego sum, qui sum;" „Ich bin, wer ich bin." Dieses geheimnisvolle Schweigen, die Kenntnisse, deren er sich rühmte, wirkten mit Zauberkraft auf verstimmte, zur Schwärmerei sich hinneigende Gemüter. Bald spielte Cagliostro die Rolle des Magiers und Wunderthäters, des Alchymisten, Propheten und Geisterbanners mit solchem Glück, daß selbst Regenten, Hofleute, Helden, Damen aus höheren gebildeten Ständen kein Bedenken trugen, ihm mit Verehrung entgegen zu kommen. In wenigen Jahren ging der Fanatismus so weit, daß die Damen Fächer, Ringe, Souvenirs, Mützen und Hüte, die Herren Uhrketten, Knöpfe, Gillets ꝛc. à la Cagliostro trugen; daß man keinen köstlicheren Schmuck kannte, als Cagliostros Bild, im Medaillon auf der Brust oder im Ringe getragen. Man prägte Tausende von Abbildungen des Wundermannes und versandte dieselben in alle Länder; man fertigte seine Büste aus Bronze, Marmor und Gips und stellte dieselbe als Prachtstück in den Palästen auf, unter einer dieser waren sogar in goldenen Lettern die Worte zu lesen: „Der göttliche Cagliostro."

Die Reklame und der Aufwand, welche Cagliostro in der glänzendsten Periode seines Lebens in Szene setzte, war außerordentlich. Er reiste stets, auch selbst mit dem zahlreichsten Gefolge, mit Extrapost. Seine Kouriers, Läufer, Kammerdiener und Lakaien waren äußerst prächtig gekleidet; eine einzige Bedientenlivree, die er in Paris machen ließ, kostete ihn 20 Louisdor, eine für jene Zeit ungeheure Summe. Und so glänzend sein Gefolge war, so glänzend und üppig waren seine Zimmer, so lecker war seine, immer für viele Personen gedeckte Tafel.

So reiste dieser König aller Hochstapler von Stadt zu Stadt, von London nach Amsterdam, von da nach Hamburg, von da nach Petersburg, überall glänzend empfangen. Besondere Ehren wurden ihm in Warschau zu teil. Eine unübersehbare Reihe von Equipagen, in denen die edelsten und schönsten Frauen glänzten, an der Spitze der Equipagen eine mit Juwelen und Gold geschmückte Reiterschar, aus den vornehmsten Edelleuten und Staatsdienern gebildet, zog dem „Grafen Cagliostro" und seiner Zuhälterin, der „Fürstin Santa Croce" entgegen.

Letztere mußte zwischen zwei Fürstinnen Platz nehmen, die der liederlichen Gürtlerstochter als einer Dame von Geblüt zu huldigen sich beeiferten; Cagliostro hingegen war in nicht geringer Verlegenheit, welchem der vornehmsten Starosten er das Glück seiner Gesellschaft gewähren solle, da jeder an der Seite dieses Wundermannes durch die Straßen von Warschau prunken wollte.

Ueberall mit den größten Ehrenbezeugungen, der kostbarsten Bewirtung überschüttet, bereiste der Graf nahezu ganz Europa, um aber endlich im Jahre 1795, nach Aufdeckung seiner Betrügereien, seine Tage in einem unterirdischen Kerker einer kleinen Stadt im Kirchenstaate zu beschließen. —

Einer der unverfrorensten Wunderdoktoren war Graham, der um das Jahr 1779 in London seine eigenartige Praxis begann. Schon früher ein Schwindler, hatte ihm ein mehrjähriger Aufenthalt in Amerika, dieser Hochschule des Schwindels, den letzten Schliff gegeben und reich an Erfahrungen kam Dr. Graham von diesem Wunderlande zurück. Gerade dem königlichen Palaste gegenüber, auf Pall Mall in London, schlug Graham seine Behausung auf und eröffnete seinen „Tempel der Gesundheit", über dessen Zweck wir uns am besten durch die Inserate unterrichten lassen, welche in den gelesensten Zeitungen der Weltstadt konstant figurierten.

Tempel der Gesundheit, Adelphi.

An die Exzellenzen der fremden Gesandtschaften, den Adel, die vornehme Gesellschaft und an alle Personen von Bildung und Geschmack!

Auf vielfach geäusserten Wunsch wird an jedem **Dienstag, Donnerstag** und **Samstag Abend** der „**Tempel der Gesundheit**" geöffnet sein und wird

die himmlische Pracht

dieses medizinisch-elektrischen Wunderbaues in allen Räumen durch

Dr. Graham

selbst erklärt und veranschaulicht werden. In seinem Vortrage wird derselbe die Ehre haben, die Kunst, in dieser Welt **ein Leben in Gesundheit, Glück und Ehre wohl an hundert Jahre lang führen zu können,** zu erläutern und zu lehren. Vor Schaustellung des **Elektrischen Feuers** wird der Doktor in delikater Weise über die

——— himmlischen Ruhestätten ———

sich äussern, welche in dem in Kürze zu eröffnenden

„Tempel des Hymen"

aufgestellt werden, um ein kräftigeres, schöneres, stärkeres Geschlecht zu erzielen, als die gegenwärtige schwächliche, kleine, geistlose Rasse der Christen ist — die nichts als fragwürdige Sterbliche sind, welche kriechen und fressen und an den meisten Punkten des Erdballes für Nichts einander die Kehlen abschneiden.

☞ Der „Tempel der Gesundheit" ist geöffnet von **2 Uhr nachmittags bis 8 Uhr abends. — Eintritt 5 Schillinge.**

Zugleich versandte Graham durch reich gallonierte Diener in Massen Pamphlete, in welchen Hunderte von Anerkennungs- und Dankschreiben derjenigen Personen abgedruckt waren, die angeblich durch den Wunderarzt geheilt wurden.

Die ganze Einrichtung des „Tempels der Gesundheit" war überraschend und überstieg alle Erwartungen. Die Frontseite war mit einer kolossalen goldenen Sonne, mit allerhand auffallenden Emblemen und einer Statue der Göttin Hygiea geschmückt. Die Innenräume des Etablissements waren aufs herrlichste ausgestattet, die Wände waren mit Spiegelscheiben belegt, so daß das Ganze einem Feenpalaste glich. Die kostbarsten Meisterwerke der Malerei und Bildhauerei, die raffiniertesten Erfindungen der Beleuchtungskunst waren hier vereinigt und zur Anwendung gebracht, um den Effekt des Ganzen zu erhöhen. Ueberall sah sich das Auge durch bestrickende Reize gefangen und zugleich erfüllte eine unsichtbare himmlische Musik diese verschwenderisch ausgestatteten Räume.

Hier versammelte nun Graham ein durch alle Künste der Reklame verlocktes Publikum um sich, verordnete Medicinen, elektrisierte Herren und Damen und machte enorme Geschäfte. Er wurde assistiert durch eine wunderschöne junge Dame, die er „Vestina, die rosige Göttin der Gesundheit" nannte. Daß dieselbe vor dieser Rangerhöhung Kammerzofen- ja sogar Ammendienste verrichtet hatte, verschlug ja weiter nicht viel. Die Schönheit dieser Vestalin brachte dem unternehmenden Doktor viel Zulauf, und pflegte er, um sein Publikum auch durch Augenschein davon zu überzeugen, daß er selbst Anhänger seiner Theorie sei, öfter in Gesellschaft dieser Vesta bis zum Kinn in den von ihm besonders empfohlenen und verordneten Schlammbädern zu sitzen.

Während ihres Verweilens in denselben trug die „Göttin der Gesundheit" ihr Haar reich aufgeputzt, gepudert und mit Blumen, Federn und Perlenschnüren geschmückt.

Zuweilen wurden besonders großartige Illuminationen und sogenannte „Elysische Promenaden" für Herren und Damen arrangiert, zu welchen auch maskierten Personen der Zutritt gestattet war. „Die bezaubernde Glorie dieser magischen Szenen", so besagen die Anzeigen zu diesen Veranstaltungen, „wird gegen 7 Uhr abends hereinbrechen, um gegen 10 Uhr zu ersterben. Orientalische Wohlgerüche, der Duft ätherischer Essenzen erfüllen die Luft, die Feen Vestinas lassen süße himmlische Gesänge ertönen, und der Tempel, welcher an Prunk alle anderen Paläste der Welt übertrifft, wird in zauberischster Weise erleuchtet sein".

Neben den elektrischen und magnetischen Apparaten, mit welchen Graham seine Kuren ausführte, war das wichtigste Einrichtungsstück des Etablissements das sogenannte „himmlische Lager", ein Wunderwerk seiner Art, welches Graham gegen 12,000 Pfund Sterling gekostet haben soll. Es war dieses Lager ein herrlich geschnitztes, über und über vergoldetes elektrisches Bett, dessen gleichfalls geschnitzter Himmel von 28 kristallenen Säulen getragen wurde.

Karminfarbene Seidenvorhänge mit Quasten fielen von diesem Himmel hernieder, die Decken waren gleichfalls von karminfarbener Damastseide. Kinderlose Eheleute konnten sich gegen ein Honorar von 100 Pfund Sterling, später billiger, das Privilegium erkaufen, eine Nacht in diesem elektrischen Wunderbette schlafen zu dürfen, was nach Grahams Behauptung unbedingt dieselben Folgen haben mußte, welche man in unserer Zeit dem Gebrauche der „Bubenquelle" in Ems und dem Besuche von Franzensbad in Böhmen zuschreibt.

Trotz des großen Zuspruchs, den dieser „Tempel des Hymen" fand, konnte Graham doch nicht bestehen, der Tempel ward im März 1784 geschlossen und seine ganze glänzende Ausstattung mitsamt dem „himmlischen Bette" kamen unter den Hammer des Auktionators. Vestina, die Göttin der Gesundheit, diente nach diesem Krach einigen Malern als Modell, lebte dann unter der Protektion verschiedener Gentlemen und heiratete endlich den englischen Gesandten am Hofe zu Neapel, Sir William Hamilton. Ihre späteren Beziehungen zu Lord Nelson, ihre Macht über diesen als Seemann großen, als Menschen schwachen Helden, sind bekannt. Graham aber, der Wundermann, verfiel in Armut und starb in kümmerlichen Verhältnissen in einem Oertchen bei Glasgow.

Das Heil der Menschheit.
(Nach einem Holzschnitt in der „Gartenlaube".)

Die Quacksalber und Geheimmittelfabrikanten der Neuzeit.

Aufzug eines amerikanischen Dentisten.

Die Vorliebe für das Wunderbare, Ungewöhnliche und Geheimnisvolle, welche alle Menschen beseelt, verschafft noch heute, in unserem aufgeklärt sein wollenden Jahrhundert den Wunderdoktoren und Geheimmittelfabrikanten genug Anhang und lassen es sich diese Herren natürlich angelegen sein, diesen Hang nach dem Wunderbaren vollauf zu befriedigen.

Ein jedes Land hat seine speziellen Wundermänner, Deutschland hat seinen Jacobi, Hoff, König u. s. w., England hat seinen Eno, Amerika seinen Morrison, Mc'Lean, Vogler, Whittier und viele Andere. Ueberall hat der Quacksalberhumbug sein von der Dummheit gedüngtes Feld, wo aber diese Pflanze am üppigsten ins Kraut geschossen ist und die verlockendsten Blüten zeigt, das ist Amerika, das Land, wo Milch und Honig fließt, wo die göttliche Freiheitsluft weht, wo die Goldklumpen wie Kieselsteine auf dem Boden gefunden werden, das Land des ewigen Lebens, das Land, wo alle Krankheiten aufgehört haben zu existieren.

Wenn Du's nicht glaubst, lieber Leser, so lies nur die Annoncen und Reklamen irgend einer amerikanischen Zeitung, und Du wirst bald eines Besseren überzeugt sein.

„Kein Fieber, keine Hämorrhoiden mehr!" „Beweis, daß die Lungenschwindsucht heilbar ist!" „Keine Hautkrankheiten mehr!" „Hilfe den Erblindeten!" „Trost den Lahmen!" so schwirrt es in allen Tonarten durcheinander.

O wie sind sie zu bedauern, die armen Europäer, mit all ihren Aerzten und Rezepten! Denn so weit haben sie es doch noch nicht gebracht, und werden es dank dem Einschreiten der Obrigkeit auch nicht so weit bringen als die Amerikaner. Ist auch in der alten Welt der Humbug und der Schwindel groß, so hat er doch niemals so exotische Blüten getrieben, wie im vielgelobten Amerika.

Doch sehen wir uns einige der Lebenselixiere genauer an. Da ist zunächst das unvergleichliche Castoria.

> „Wer rötet den Kindern die Wangen so brav,
> Erlöst sie vom Fieber, und schenkt ihnen Schlaf?
> > Castoria!
>
> Wenn mürrisch die Babies sich wälzen und schrei'n,
> Was kann sie von Kolik und Würmern befrei'n?
> > Castoria!
>
> Verstopfung, Verdauungsnot heilt es im Nu,
> Erkältung und sauren Magen dazu:
> > Castoria!
>
> Drum wirf Morphin=Syrup und Castor=Oel fort,
> Mitsamt Paregorie; und stets sei dein Hort:
> > **Heil Castoria!**"

Noch mächtiger ist aber „der große magische Schmerzentöter", der alle Folgen der Entzündung, jedes Fieber beseitigt, ebenso Geschwüre, Pocken, Masern, Zahnschmerzen, Gicht, Frostbeulen, Schnittwunden, Hühneraugen, Vergiftungen, Rotlauf, böse Augen, Krätze, Magenkolik, Würmer, Schwindel, Gelbsucht, goldene Ader und hie und da — Beinbrüche.

Ist das nicht schon eine ganze Legion von Krankheiten? — Und daß das Mittel probat ist, dafür bürgt ja die Annonce selbst und die „Zeugnisse von vielen Hundert Geheilten."

Ein wahres Glück ists, daß dieser „große Schmerzentöter" in allen Apotheken der Vereinigten Staaten zu haben ist, denn wohin sollte es mit der Menschheit kommen, wenn er nicht erfunden worden wäre?

Der Erfinder dieses köstlichen Elixires, Dr. M. Bribe, dessen lebensgroßes Porträt an allen Straßenecken zu sehen war, und der täglich in offener Kutsche mit sechs Schimmeln durch die Straßen fuhr, hat sich, mit Schätzen beladen, kürzlich „vom Geschäfte zurückgezogen", ebenso wie Dr. Aborn, welcher wöchentlich über 1000 Dollars für Annoncen zahlte. Andere Größen sind an ihre Stelle getreten, andere Inserate haben die Stelle der ihrigen eingenommen. Und wie sind diese Inserate abgefaßt!

Eine wahre Hochflut derselben strömt uns aus den amerikanischen und englischen Zeitungen entgegen. Dabei treten diese Reklamen in den wunderbarsten und versteckesten Formen auf, sie finden sich verstreut unter politischen und lokalen Nachrichten, womöglich quer durch einen Leitartikel gedruckt. Durch eine sensationelle, in Fettdruck gegebene Aufschrift bestochen, nehmen wir die Zeitung zur Hand, im Glauben eine interessante Notiz vor uns zu haben. Am

Ende dieser Notiz aber finden wir, daß wir es doch wieder einmal nur mit einer Reklame zu thun haben.

Da ist z. B. zunächst folgendes Pröbchen:

„Lehren von einem Mastodon.

Die Fangzähne eines Mastodon, welche man vor kurzem beim Ausschachten eines Brunnens in Illinois fand, wogen ein jeder 175 Pfund. Welche riesenhaften Zahnschmerzen dieses Tier haben mochte! Solche Zahnschmerzen aber heilt Browns Iron Bitters."

„Longfellows Geburtstagsbuch

ist ein schönes Geschenk für jede Dame. Aber es gibt ein Buch, das als Geschenk ebenso passen würde und zum Lebensretter werden könnte. Es heißt: „Dr. Pierces Abhandlung über die Krankheiten des Frauengeschlechts." Wird gegen Uebersendung von zwei 10 Cent-Marken überall hin versendet."

„Menschenkälber.

Neun Zehntel aller unglücklichen Ehen entstehen daraus, daß man Menschenkälber auf den Gesellschaftsweiden frei umherstreifen läßt. Neun Zehntel aller chronischen oder schleichenden Krankheiten der Gegenwart entstehen aus unreinem Blut; Dr. Tudors „Golden Medical Discovery" heilt sie alle."

„Die Auswanderung nach Amerika

hat in letzter Zeit gewaltig nachgelassen. Es wird dies auf den Umstand zurückgeführt, daß die Völker aller fremden Länder einen Weg ausgefunden haben, Snyders berühmtes Blut-Reinigungsmittel zu erlangen, ohne gezwungen zu sein, hierher zu kommen. Sie wissen alle, wie erfolgreich die Anwendung des Mittels ist, das man in jeder Apotheke für einen Dollar haben kann. Geht zu eurem Droguisten und fragt nach Snyders Blut-Reinigung."

„Die Mythe erzählt von Herkules,

er habe unwissentlich ein vergiftetes Hemd angelegt, infolge dessen er solche Schmerzen litt, daß er es vorzog, auf einem Scheiterhaufen in Flammen aufzugehen, als langsam hinzusiechen. Hätte er St. Jacobsöl zur Verfügung gehabt, so würde die Geschichte vom Herkules ein vergnügteres Ende genommen haben."

Derartige Inserate, die zumeist unter die politischen und lokalen Nachrichten eingeschoben sind, finden sich in Masse, und wird auch stets dargethan, daß das empfohlene Mittel besser als alle anderen, und seltsamerweise immer „gerade jetzt" von besonders heilsamer Wirkung sei. So erscheint bei Beginn des Winters beispielsweise das folgende Inserat in den Blättern: „Nichts ist der menschlichen Natur im Winter schädlicher als Kälte und Feuchtigkeit. Eine

Erkältung, diese hauptsächlichste Quelle aller gefährlichen Krankheiten, tritt leicht ein, wenn der Körper nicht durch ein erregend wirkendes Getränk, wie „Dr. Aborns Kaiserschnaps" es in vorzüglichem Grade ist, in steter gleichmäßiger Wärme gehalten wird ꝛc."

Im Frühjahr lautet das Inserat ein wenig anders:
„Der dem Frühling eigentümliche jähe Witterungswechsel macht diese Zeit zu einer dem menschlichen Körpersystem besonders gefahrdrohenden. Wechsel=, Gallen= und andere Fieber beschleichen, als nächste Folge der den Blutumlauf hemmenden Unreinlichkeiten im Körper, den Menschen und bereiten ihm vielfach ein frühes Grab. Da ist „Dr. Aborns Kaiserschnaps" nun das vorzüglichste Mittel, das Blut in beständiger Zirkulation zu halten und von allen Unreinlichkeiten zu befreien ꝛc."

Dem Sommer angemessen erscheint die nachstehende Variante:
„Die brennende Glühhitze, die im Sommer anhaltend zu herrschen pflegt, schwächt den menschlichen Körper dermaßen, daß derselbe zu keiner anderen Jahreszeit leichter eine Beute all der hieraus resultierenden heimtückischen Unpäßlichkeiten wird. Die Sterblichkeitsziffer würde während dieser gefahrdrohenden Periode zu einer unaussprechbaren anwachsen, hätten nicht Natur und Kunst sich glücklich begegnet in der Erzeugung des als Schutzmittel gegen derartige Uebel rühmlichst bekannten „Dr. Aborns Kaiserschnaps" ꝛc."

In der Herbstsaison kommt folgende Anzeige an die Reihe:
„Die rasche Aufeinanderfolge der verschiedenartigsten Temperaturen, sowie die unreinen Ausdünstungen, mit denen die Luft während des Herbstes erfüllt ist, bringen den Menschen total herunter. Keine andere Jahreszeit ist so gefährlich, wie es gerade die Herbstmonate sind. Hier hilft einzig und allein der anhaltende Genuß des durch seine unübertroffenen Eigenschaften einzig dastehenden „Dr. Aborn's Kaiserschnaps", der in allen guten Apotheken, in allen Destillationen des Landes zu haben ist."

Vielfach sind die Inserate reich illustriert, und nehmen Bilder und Inserate mitunter ganze Seiten der teuersten Journale ein. Proben derartiger Quacksalberillustrationen sind umstehende, die wir verschiedenen englischen und amerikanischen Zeitungen entnommen haben.

Ihr glaubt vielleicht, sie seien Quacksalber, diese Herren Doktoren mit ihren langen Wunderannoncen?

Können das Quacksalber sein, die dir ihre kostbaren mit anatomischen Abbildungen versehenen populär medizinischen Schriften, betitelt

„Der Jugendspiegel",
„Der Heiratsführer oder die Geheimnisse des Geschlechts=Umganges",
„Der persönliche Schutz oder Rettung vor Gefahr und Schande",

elegant gebunden mit Goldschnitt für eine Bagatelle „versiegelt" ins Haus

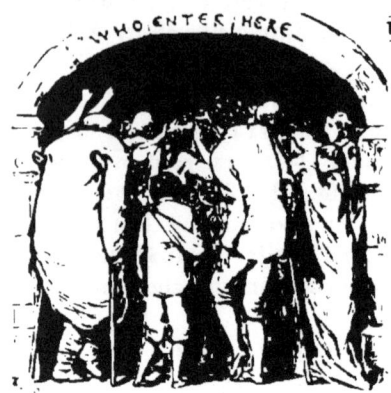

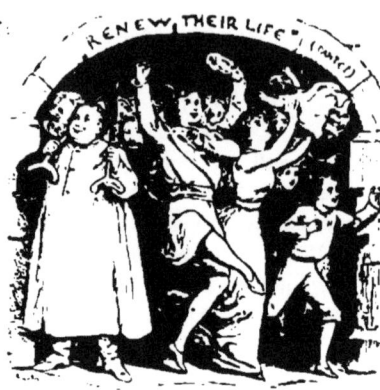

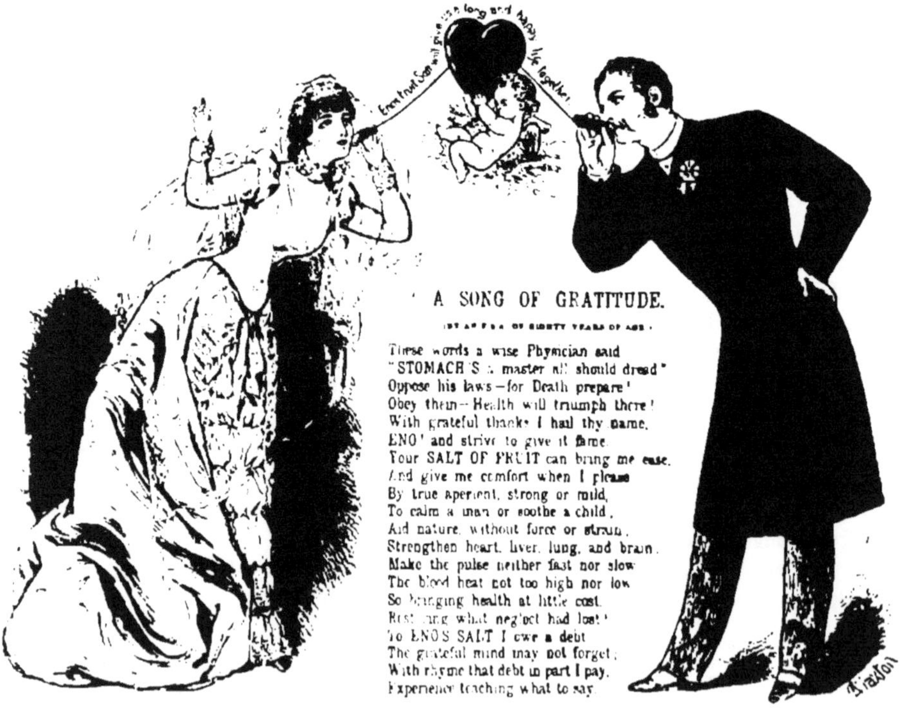

Reklame-Klischees für Eno's Frucht-Salz.

(Nach Originalen in der „London News".)

Moderner Quacksalber in den Straßen von New-York.
(Nach einem amerikanischen Holzschnitte.)

schicken, nur um dir die Folgen der Selbstbefleckung, sowie der ansteckenden Geschlechtskrankheiten deutlich zu veranschaulichen?

Können das Quacksalber sein, die alle Tage in den Zeitungen vor den Quacksalbern warnen?

Und das thun sie doch; sie geben viel, viel Geld dafür aus, nur „um das Publikum aus den Schlingen des Charlatanismus zu retten und an die rechte Schmiede" zu geleiten. „Komm zu mir", steht da zu lesen, „zu mir allein kommt, denn ich allein bin der Mann, der euch helfen wird. Alles andere ist Schwindel, nur darauf berechnet, euch Geld abzunehmen."

Viele der Schwindler gehen in ihrer wissenschaftlichen Geradheit sogar so weit, die Leute zu versichern, daß sie nicht eher ein Honorar zu zahlen haben, als bis die Heilung erfolgt; aber wunderbar, unglaublich, es erfolgt immer schon Heilung gleich nach der ersten Konsultation, und kein Kranker geht aus dem Zimmer, ohne daß man ihm seine Gebühren abgefordert hätte. Und nicht allzu klein sind sie, diese Gebühren, selten unter fünf Dollars, wohl aber sehr häufig über zehn. Denn der Kranke muß auch noch gleich für den nächsten und übernächsten Besuch im voraus bezahlen. Er könnte ja möglicherweise nicht wiederkommen, und Vorsicht ist zu allen Dingen nütze.

Verschiedene Quacksalber erlassen förmliche, den Zeitungen beigelegte Rundschreiben, betitelt:

„An das kranke Publikum".

In diesem Zirkular werden die Tage bezeichnet, wann der Wunderdoktor in dem und dem Orte eintreffen und Gratiskonsultationen erteilen werde. Das Geheimnis des Erfolges eines solchen Industrieritters besteht darin, daß er die wirklichen Aerzte verdächtigt, die medizinische Fakultät schlecht macht, sie der Unwissenheit und Habsucht zeiht; denn während sie alles thäten, um so viel als möglich Geld aus ihren Kranken herauszupressen, kuriere er umsonst. Er sei der einzige Samariter und sein Herz mit helfender Liebe gegen die Bedrängten erfüllt. Für die Heilkraft seiner Methode bürgen Anerkennungsschreiben in erstaunlicher Menge, welche bei ihm einzusehen sind und wovon er eine Anzahl zur Oeffentlichkeit bringt.

Die Wahrheit aber ist, daß dieser Heiland sein meistes Geld den Armen abpreßt, die oft erst durch die Mildthätigkeit anderer in den Stand gesetzt werden, die übertrieben teueren Arzeneien, den vielfach geradezu schädlichen Quark des nichtswürdigen Schuftes zu kaufen.

Wie derartige Spekulationen auf die Dummheit der Menschheit sich lohnen müssen, wird erst erkenntlich, wenn man einen Blick auf die Bilanz eines Londoner Fabrikanten einer sogenannten „Patent-Medicin" wirft. Man traut kaum seinen Augen, wenn man hier die enorme Summe von 30,645 Pfund Sterling als für Inserate im Laufe des Jahres verausgabt verzeichnet sieht, wovon 14,028 Pfd. Sterling für Anzeigen in Zeitungen, der Rest von über 16,600 Pfd.

Sterling für solche in Büchern kommen. Würde der Inserent wohl solche riesigen Summen verausgabt haben, wenn es nicht gelohnt hätte?

Den Geschäftsbetrieb und den Umfang einiger dieser Patentmedizinfabriken lernte der Verfasser dieser Zeilen während seiner mehrjährigen Reisen in Amerika an Ort und Stelle kennen, so vornehmlich das großartige Etablissement von C. A. Vogler in Baltimore, welches auf eigene Faust Dampfer unterhält, deren Aufgabe es ist, die Reklamen der Firma auch in den kleinsten und entlegensten Flußstädtchen der Union zu verbreiten.

Die Firma inseriert täglich in sämtlichen Zeitungen und Journalen der Union und erhält täglich, um die Kontrolle über die Inserate zu behalten, je eine Nummer dieser sämtlichen Blätter. Gegen fünfzig Personen sind allein beschäftigt, die Insertionen zu revidieren und die Beträge der hierfür entfallenden Insertionsgelder den betreffenden Blättern gutzuschreiben. So ist jedes auch im entferntesten Winkel der Union erscheinende Organ genauer Kontrolle unterworfen. Dieses Zeitungsdepartement umfaßt einen langen Saal, in welchem Hunderte von Gefächern aufgestellt sind, in denen die Nummern der verschiedenen Zeitungen, geographisch und alphabetisch genau geordnet, eine gewisse Zeit lang aufbewahrt werden. Ferner unterhält die Firma eine eigene, ausschließlich der Herstellung ihrer in mehr als zwanzig Sprachen erscheinenden Flugblätter und Kalender gewidmete Druckerei, die über ein Dutzend Tag und Nacht arbeitende Schnellpressen beschäftigt; ferner besitzt sie ein eigenes Anzeigen-Departement, dessen vorwiegend aus ehemaligen Journalisten bestehendes Personal sich ausschließlich mit der Abfassung und Erfindung neuer, möglichst origineller und packender Reklamen beschäftigt. Sodann ist eine kleine Armee von Buchstabenmalern angestellt, die auf Dampfern und Eisenbahnen alle Teile des Landes befahren, um an Zäunen, Felsen, Häusern, Schornsteinen, Dächern und Bretterverschlägen die Reklamen der Firma anzupinseln.

Eine einzige dieser Ankündigungen, die an der Vereinigung der Boundary- und Madison-Avenue in Baltimore zu finden ist, bedeckt einen Flächenraum von zweitausendsiebenhundert Quadratfuß und ist über achtundachtzig Fuß lang. Sie zeigt den Schutzpatron der Firma, den St. Jacob im Mönchsgewande, wie er, von einer Glorie umleuchtet, eine Flasche des berühmten „St. Jacobsöles" emporhält. Der übrige Raum ist mit dem Worte „St. Jacobs Oil" in 12 Fuß hohen Buchstaben bedeckt. Wie die Firma mit Selbstgefühl in der von ihr veröffentlichten Beschreibung ihres Etablissements hervorhebt, kann „this sign be seen from all the surrounding country."

Aehnliche dieser „Mammoth out-door-signs" finden sich in New-York, Philadelphia, Boston und Washington.

Was die Ausstattung der Empfangs- und Büreauräume der Firma betrifft, so sind sie an Vornehmheit ohne Gleichen.

Eine ähnliche Zwecke (d. h. die Ausbeutung der leidenden Menschheit) verfolgende Firma ist die des Dr. McLean in St. Louis am Missouri.

Eines Tages fiel mir ein höchst elegant ausgestattetes goldschnittversehenes Buch in die Hände, dessen seltsamer Titel mir Veranlassung gab, mich eine Weile eingehender mit demselben zu beschäftigen.

Ukase! We command all nations
to keep the peace.
Dr. J. H. McLeans Peace Makers.

(zu Deutsch: „Befehl! Wir befehlen allen Nationen, Frieden zu halten.
Dr. J. H. McLeans Friedenmacher.")

so lautete der Titel des Werkes, welches keinem Geringeren als dem durch Aussendung der Stanley- und Jeanette-Expeditionen berühmt gewordenen Reklamehelden James Gordon Bennett, dem Eigentümer des „New-York-Herald" gewidmet ist.

Dieser Dedikation geht ein in feinstem Stahlstich ausgeführtes Porträt voran, welches den großen Erfinder der „Friedenmacher" in effigie vor Augen führt.

Ein wahrer Charakterkopf! Die echte Type der Klasse von Menschen, die sich als Volksbeglücker aufspielen und dabei doch nur ihren eigenen Vorteil im Auge haben. Die eigentümlich lächelnden Augen, die Wohlwollen und Menschenfreundlichkeit ausdrücken sollen, verraten dem geschärfteren Blicke aber zugleich, daß sie einem Menschen angehören, der es wohl verstanden hat, sein Schäflein zu scheren und ein gut Teil der Menschheit am Narrenseile zu führen.

Und wirklich, blättern wir nur weiter in der das Werk einleitenden Biographie des Wunderdoktors, so überzeugen uns sehr bald die Abbildungen zweier prachtvoller Steinpaläste, die „in St. Louis am Missouri sich erheben und Dr. McLeans Arbeitsräume, Laboratorium und großes turmgekröntes Häuserviertel" darstellen, daß auch in Amerika die Dummen noch nicht alle geworden und zu Tausenden auf die geschickt gestellten Leimruten des Wunderdoktors gegangen sind.

Wie die Biographie dem staunenden Leser berichtet, kam Dr. McLean im Alter von 13 Jahren von Neu-Schottlands sturmumwehten Gefilden nach dem Westen und Süden der Union, und hier war es „wo ihn eine göttliche Inspiration erfaßte, hier war es, wo er seine irdische Mission erkannte, als er Tausende und aber Tausende von Emigranten und Ansiedlern an dem schrecklichen Malariafieber und an anderen diesen Landstrichen eigenen Krankheiten leiden sah."

Er wollte nun „der Erlöser und Heiland (wörtlich!) dieser Tausende von Heimgesuchten werden" und — ward zum Fabrikanten eines Gesundheitsschnapses. So erfand er unter anderem seinen „Strengthening Cordial and blood purifier", den „Kraftverleiher und Blutreiniger", durch welchen Dr. McLean zwar nicht die oben genannten Krankheiten aus dem Süden verbannte, aber doch, wie die Biographie sehr naiv sagt „a large fortune", „ein großes Vermögen" erzielte.

„Mit Ausführung dieser Mission würde sich wohl mancher zufrieden gegeben haben," meint weiter die Biographie, „des Doktors großes Herz aber entbrannte, noch mehr zu thun für die unglückliche armselige Menschheit. Als er von den gegenseitigen Metzeleien und Schlächtereien der tapferen Soldaten in Europa und Asien auf das Geheiß ihrer Herrscher vernahm, entwarf er großartige Pläne, und er beschloß, solche verderblichen Waffen, Torpedos und Festungen zu erfinden, daß alle Nationen der Erde, wollten sie sich nicht gegenseitig aufreiben, dadurch gezwungen werden müßten, Frieden miteinander zu halten."

„Rette das Leben der Völker", so lautet das Motto dieses eigentümlichen Friedensfürsten, dessen Bedeutung wir erst voll zu erfassen vermögen, wenn wir durch ihn selbst mit dieser seiner zweiten Mission vertraut gemacht worden sind.

„Da gibt es", so hebt die Schilderung des Lebenslaufes mit volltönenden Worten an, „Epochen in der Weltgeschichte, die durch außergewöhnlich intensive Erwartungen charakterisiert sind, durch ein allgemeines Verlangen und Auslugen der Völker nach dem Erscheinen geistig hervorragender Wesen, die fähig seien, irgend eine zum wahren Fortschritte notwendige Reform anzuregen, sobald durch die Zeichen der Zeit die Notwendigkeit einer derartigen Reform angedeutet werde. Sehen wir so eine Welt, eine Nation warten auf das Erscheinen eines solchen Mannes, so war dieser Mann auch sicherlich nahe. Die Geschichte hebt manchen dieser großen Helden hervor, welche der Welt sehnsüchtiges Verlangen erfüllten und in die Arena stiegen, um durch ihre Größe, durch ihren Genius, durch ihre Güte oder durch ihre Macht die Bewegungen ihres Zeitalters zu bestimmen."

„Als Europa vor dem Nahen der unbesiegbaren Bataillone Napoleon I. zitterte, da erhob sich auf das sehnsüchtige Verlangen der Welt ein anderer großer Held, Wellington, vor dessen unvergleichlicher Ausdauer, vor dessen Denken der glänzende Lauf Napoleons für immer endete auf den blutigen Schlachtgefilden von Waterloo. Dauernd begründete hier der Eiserne Graf das Uebergewicht der angelsächsischen Rasse."

„Blicken wir auf kaum vergangene Tage zurück, so sehen wir die Namen des Fürsten Bismarck und des Generals von Moltke gleich Sternen leuchten am politischen Firmamente des deutschen Kaiserreiches, wir sehen sie als Männer der Macht und Auszeichnung, welche das Siegel ihrer wundervollen Individualität der Geschichte Europas aufdrückten."

Nachdem Herr McLean so des weiteren sich ergangen und Georg Washington und Ulysses Grant als für das Heil der Neuen Welt notwendige

Erscheinungen hinstellt, kommt er endlich zu des Pudels Kern: „Wieder forscht die besorgte Welt mit Bangen und Sehnsucht in den Nebeln der Zukunft, auf das Erscheinen eines Mannes harrend, welcher durch die Macht seiner Intelligenz, durch die Gewalt seiner Ziele die Tyrannei und das Blutvergießen unter den Völkern aufhalten und sich so als Retter und Befreier der Menschheit erweisen möge."

„Solch ein Mann ist (wörtlich!) Dr. James Henry McLean von St. Louis am Missouri, dessen Name bald verkündet sein wird von einem Ende der Erde bis zum anderen, welcher sich zweifelsohne erweisen wird als ein Instrument in der Hand des allmächtigen Gottes, zu erfüllen die Prophezeiungen der Bibel betreffs des Tausendjährigen Reiches, während dessen Bestehen die Schwerter in Pflugscharen, die Speere in Gartenmesser umgewandelt sein und die Völker keinen Krieg mehr kennen werden in Ewigkeit."

Nachdem uns mit solchen Worten, deren Gebrauch in solcher Weise Herrn McLean in Europa wohl entschieden ins Zuchthaus geführt hätte, der hohe Wert des Wunderdoktors klar vor Augen geführt worden ist, entwickelt nun der übrige Teil des 200 Seiten starken und reich illustrierten Werkes ein ganzes Museum wahrer Henkerswerkzeuge, die Dr. McLean selbst „unter Inspiration Gottes" erfunden. Die Furchtbarkeit und vernichtende Gewalt dieser Instrumente sind es nun, welche die Völker zwingen sollen, Frieden miteinander zu halten, wollen sie sich nicht gegenseitig völlig zerstören.

Das erste, was der Verfasser in dem Kapitel: „Die Kunst des Krieges" aufführt, sind uneinnehmbare Festungen, die in verschiedenen Abbildungen, als auf festem Lande erbaut wie im offenen Meere treibend, dargestellt werden. Sind diese Festungen klar zum Gefecht, so erweisen sie sich als mächtige, im Wasser schwimmende eiserne Kisten, deren Dimensionen auf 300 Fuß im Geviert angegeben werden. Auf dem Verdecke dieser Pandorabüchsen können beliebig viele, drei, vier oder fünf halbkugelförmige Türme angebracht werden, die wie Taucherglocken aussehen; heben sich aber die eisernen Augenlieder derselben, so schießen aus eigens von Dr. McLean erfundenen Riesenkanonen fürchterliche Torpedos hervor, die jedem sich nahenden Schiffe Verderben bringen würden. Das den Reihen der Schießscharten enteilende Feuer der Besatzung würde die Annäherung kleinerer Fahrzeuge verhindern.

Einen höchst originellen Anblick gewährt das Bild: „Die Festung zu Friedenszeiten." Ein Eisengitter verhütet, daß die Einsiedlern gleich in ihrer Eisenkiste hausenden Soldaten, wenn vielleicht einmal berauscht, ins Meer hinabstürzen; aufgespannte Zelte schützen gegen die Glut der Sonnenstrahlen; eine Anzahl Damen, eine Reihe von in Kübeln stehenden Zierbäumen, sowie ein halbes Hundert wohlgefüllter Biergläser dienen den rauhen Söhnen des Mars zur Erheiterung.

Die Fragen, durch welche Mittel diese merkwürdige Festung gesteuert und vorwärts bewegt, wie sie ferner erleuchtet und verproviantiert werden soll, bleibt zwar der Erfinder zu beantworten schuldig, ebenso läßt er die Einrichtung eines neuen, nimmer sinkenden Panzerschiffes, welches in einer Stunde die Kleinigkeit von dreißig Meilen zurücklegen soll, unerörtert und speist den Leser seines Buches mit der gelassenen Bemerkung ab, daß es ganz unnötig sei, detaillierte Schilderungen zu geben, es möge die Versicherung genügen, daß er selbst vollkommen über die beste Art, diese Fragen zu lösen, instruiert sei.

Die nächsten Kapitel enthalten die Beschreibung von Herkules- und Magazin-Kanonen, die weder vernagelt werden können, noch platzen, die fast wie Tafelklaviere aussehen, deren grausige Musik aber hier den Tod Tausender und aber Tausender Menschen bedeuten würde. Soll doch ein einziger Mann in einer Minute 1200, 1500 und 2000 Schüsse mit diesen Todesorgeln abzugeben im stande sein. Natürlich hat Dr. McLean die Mängel der französischen Mitrailleuse vollständig überwunden, denn die Projektile seiner Höllenmaschinen werden sich über ein Areal von sechs englischen Meilen zerstreuen.

Seltsamerweise sind diese Ungetüme dem Weibe des Wunderdoktors zu Ehren „Lady McLean" benannt, und ruft diese Thatsache die Vermutung wach, daß Lady McLean gleichfalls ein Blitze und Donnerkeile schleudernder Drache sein möge.

An Handfeuerwaffen hat der Doktor 48 Schüsse haltende Taschenpistolen, 32, 64 und 128 Schüsse haltende Riflebüchsen erfunden, ferner grauenhafte Torpedos, die nicht etwa abprallen, sondern sich mittelst mächtiger Magnete untrennbar an den eisernen Schiffskörper anklammern und durch ihre fürchterlichen Ladungen den stärksten Panzer zerschmettern. Dr. McLeans Arsenal ist ferner reich an noch nie dagewesenen Bomben und explodierenden Projektilen, die je nach Wunsch des Erfinders gleich beim Aufschlagen, oder eine, zwei, drei Stunden später krepieren und wiederum ganze Ladungen von gepreßter Schießbaumwolle, Shrapnels und Kartätschen umherschleudern.

Doch genug davon. Der Zweck des Buches, welches in Massen in den Vereinigten Staaten gratis verbreitet wurde, tritt uns sofort klar vor Augen, wenn wir auch nur eine Seite des Buches durchlesen, auf welcher uns Name und genaue Adresse des Wunderdoktors zum mindesten 8 bis 10 Mal begegnen. Das Publikum soll an den Namen des Friedensfürsten und an den seines Gesundheitsschnapses durch das originell und unterhaltend geschriebene Werk gewöhnt werden und dürfte der neuerstandene „Heiland und Erretter aller Völker", der es 1882 dank seiner Geldmittel und des daraus entspringenden Einflusses sogar bis zum Vertreter des Staates Missouri im Kongresse der Union gebracht hat, seinen Zweck vollkommen erreicht haben, denn den Namen „Dr. McLean" kennt drüben jetzt jedermann.

So tritt der Humbug, der Reklameschwindel in immer neuen Erscheinungsformen, in immer gleißnerischeren Blüten ans Tageslicht, in mitunter so gefährlichen Umhüllungen, daß es selbst geübteren Augen schwer hält, den eigentlichen Kern zu erkennen. Dies ist nun glücklicherweise bei dem Werke des Dr. McLean nicht der Fall. Aber ein anderes und zwar noch traurigeres Bild läßt uns sein Buch erschauen: für wie dumm nämlich die Leute von Humbugs Gnaden ihre Mitmenschen halten, und wie fest sie auf den leider so bewährten Spruch bauen, daß „die Dummen nie alle werden".